Audre Lorde

오드리 로드 / 박미선

<컴북스이론총서>는
현대를 호흡하는 사상가들을 소개합니다.
단순한 사상의 축약, 해제가 아닙니다.
해당 사상가를 연구해 온 전문가가 직접
사상가의 핵심 키워드 10개를 뽑아 해설하고 비평합니다.
인간과 비인간, 현실과 가상, 문화와 야만의
경계를 넘나드는 모든 사상을 싣겠습니다.
오늘을 살아가는 모든 이의 나침반이 되겠습니다.

컴북스이론총서

오드리 로드

박미선

대한민국, 서울, 커뮤니케이션북스, 2025

오드리 로드

지은이 박미선
펴낸이 박영률

초판 1쇄 펴낸날 2025년 1월 15일

커뮤니케이션북스(주)
출판 등록 제313-2007-000166호(2007년 8월 17일)
02880 서울시 성북구 성북로 5-11
전화 (02) 7474 001, 팩스 (02) 736 5047
commbooks@commbooks.com
www.commbooks.com

ISBN 979-11-7307-563-6 04300

책값은 뒤표지에 표시되어 있습니다.

흑인 페미니즘의 존재론, 인식론, 관계론

오드리 로드(Audre Lorde, 1934~1992)는 현대 페미니즘을 대표하는 사상가다. 미국에서 자신이 레즈비언임을 공적으로 표명하고 시를 쓴 페미니스트이자, 남성과 백인이 지배하던 문단 주류의 문을 부순 최초의 흑인 여성 시인이다. 흑인 민권 운동과 여성 운동에 적극 참여하며 페미니즘 이론, 초기 퀴어 운동과 담론을 형성하는 데 크게 기여했다. 1980년대에 초국가적 흑인 디아스포라 모임을 형성하는 데도 힘을 기울였다.

미국 사회 운동의 담론을 형성한 퀴어 페미니스트

로드는 평생 흑인 여성에 대한 폭력에 대해 목소리를 냈다. 1968년 흑인 대학교인 투갈루대학교에서 흑인 청년들과 시 창작 워크숍을 하면서 흑인 공동체가 외면해 온 문제들에 개입하기 시작했다. 특히 로드는 레즈비언 흑인 여성으로서 동성애 혐오가 흑인 여성의 존재를 지우고 여성을 남성중심적·가부장중심적 사회 질서에 순응시키는 핵심 기제임을 거의 모든 산문에서 역설했다. 퀴어 페미니스트로서 로드는 1970년대 후반 흑인 공동체 내부에서 맹렬한 논쟁을 일으켰던 '성차별 논쟁'에도 개입했다.

이 논쟁에서 로드는 이성애중심주의가 인종차별과 성차별을 결합함으로써 작동하는 기제임을 강조한다. 동성애 혐오, 특히 레즈비언에 대한 낙인이 흑인 여성을 흑인 남성의 지배하에 묶어 두는 가장 효과적인 전술이라고 분석한다. 로드는 흑인 여성과 레즈비언 흑인 여성이 19세기부터 두 세기에 걸친 흑인 해방 투쟁에 참여해 흑인 공동체를 유지하고 발전시켜 온 역사적 주체라는 사실도 강조한다.

현대 페미니즘 이론사는 대체로 1990년대 초를 퀴어 이론의 본격적 출발점으로 간주한다. 그런데 로드는 ≪시스터 아웃사이더(Sister Outsider)≫(1984)에서 동성애 혐오와 이성애중심주의를 젠더와 계급, 인종정치와 연결해 정교한 논의를 펼쳤다. ≪시스터 아웃사이더≫는 교차성 이론뿐 아니라 퀴어 이론에도 선구적인 문헌이다. 이 책은 1970년대와 1980년대의 흑인 공동체와 급진적 여성 운동이 성찰하지 못한 사회적 문제들을 공적으로 거론한다. 무엇보다 이 책에서 로드는 미국 사회의 공적 인식이 가장 부족했던 문제인 동성애 혐오가 어떻게 흑인 여성에 대한 혐오와 이성애주의와 연결되어 작동하는지 규명한다. ≪시스터 아웃사이더≫가 현대 페미니즘 이론의 고전이 된 것도 바로 이러한 논의 때문이다.

흑인 페미니즘의 초국가적 지평

흑인 페미니즘의 대표적 사상가인 로드에게서 특히 주목할 만한 점은 그의 인식이 미국에 국한되지 않고 전 지구적 관점과 지평으로 확장된다는 사실이다. 로드의 글은 미국과 유럽의 수많은 여성들에게 영향을 미쳤다. 그러나 학계에서 로드가 주목받기 시작한 것은 그가 사망한 지 20년쯤 지나서였다. 학계는 주로 여성들 간 차이에 대한 로드의 이론과 흑인 페미니즘에 주목한다.

이 책은 로드를 다음과 같이 논의한다. 로드는 교차성 이론을 선구적으로 제시해 현대 페미니즘의 이론과 지식 생산에서 인식론적 불귀의 지점을 형성한 흑인 페미니스트다. 로드의 교차성 이론은 흑인 페미니즘 전통에 뿌리를 두며 1960~1970년대 흑인 민권 운동과 여러 사회 운동을 배경으로 삼는다.

아울러 이 책은 로드가 초국가적 사회 정의 운동을 펼친 흑인 페미니스트임을 강조한다. 1980년대 미국 흑인 페미니즘은 대체로 미국의 인종화한 젠더 권력 구조를 분석하고 변화시키는 데 주력했다. 그중 일부는 흑인중심주의(Afro-centrism)를 주창했다. 그러나 1990년대 들어 전 지구화가 본격화하자 흑인중심주의를 철회했다. 로드의 초국가적 활동과 지평은 미국 흑인 페미니즘의 인식론과 정치를 선구적으로 확장했다고 할 수 있다.

로드는 전 지구적으로 계속되는 흑인에 대한 차별과 폭력, 1983년 미국의 그레나다 침공, 남아프리카공화국의 극단적 인종차별 정책인 아파르트헤이트(apartheid) 등이 미국의 제도적 인종차별과 연결된다고 강조한다. 이 점은 로드 사후 출간되지 않은 글들과 메모들이 공개되면서 2011년 출간된 산문집 ≪나는 당신의 자매입니다(I Am Your Sister)≫에서 더 잘 드러난다. 이 산문집에 실린 글들에서 로드는 흑인 페미니즘을 사회 정의를 위한 초국가적 활동의 도구로 사용하는 관점과 논의를 제시한다.

로드는 유럽과 카리브해 지역에서 흑인 디아스포라를 조직하는 데에도 헌신했다. 1980년대 미국의 일반 시민과 흑인 공동체는 대체로 미국 정부가 해외에서 저지르는 폭력에 별 관심을 두지 않았다. ≪나는 당신의 자매입니다≫

에서 로드는 미국의 인종차별과 국제 정책이 아프리카와 남아메리카의 인종차별이나 아시아의 노동 착취와 분명히 연결되며, 미국 시민이 이에 대한 책임을 인식하고 져야 한다고 거듭 강조한다. 로드가 유럽의 흑인 여성들을 조직하는 데 힘쓴 것도 이런 맥락에서다.

급진적 시대의 흑인 퀴어 페미니스트 지식인

로드가 활동하던 시기(1960~1980년대)에는 서구에서 신(新)사회 운동, 여성 운동, 소수집단 운동, 반전 평화 운동, 게이 해방 운동 등 급진적 운동들이 발흥했다. 이런 사회적 흐름이 학계로 이어져 페미니즘 이론, 여성학, 소수 인종 연구, 문화 연구, 비판 사회 이론 등 급진적 학문 연구가 발전했다. 로드는 페미니스트 지식인으로서 많은 일을 했다. 산문 글쓰기와 퀴어 페미니스트 활동, 교수로서 학생들을 가르친 일, 현대 비판 이론의 지식 생산과 페미니즘 이론을 혁신한 업적은 로드가 우리에게 남긴 중요한 유산이다. 아울러 로드의 산문집 ≪시스터 아웃사이더≫와 ≪나는 당신의 자매입니다≫는 현대 페미니즘 이론을 혁신했다. 특히 ≪시스터 아웃사이더≫는 인식론적 차원에서 현대 비판 이론과 페미니즘 이론의 지식 생산에 불귀의 지점을 만들어 낸 역작이다.

로드는 새로운 관점과 지평을 열며 당대 페미니즘 이론과 비판 이론이 사용하던 관점과 방법론을 낡은 것으로 만들어 버렸다. 이런 로드의 관점과 지평은 1990년대 이후 '교차성 이론'으로 명명되어 발전했다. 교차성 이론은 흑인 여성과 유색 여성의 관점과 경험에 기반해 젠더 권력 구조가 인종과 계급, 섹슈얼리티 등 다른 억압 구조에 의해 굴절되고 강화되는 양상을 분석하는 이론이다. 흑인 페미니스트로서 로드가 정초한 교차성 이론은 1970년대와 1980년대의 급진적 페미니즘 이론과 여성학의 젠더중심적 관점 그리고 지식 생산의 지평을 크게 넓혔다.

로드는 급진적 지식을 생산하고 그러한 학문 분야를 제도 안에 도입하는 데에도 힘썼다. 제2차 세계대전의 승전국이었던 미국은 1950년대에 엄청난 호황을 누렸고, 그 여파로 1960년대에는 소수집단의 요구가 여러 사회 운동으로 터져 나왔다. 아울러 대규모의 베이비부머 세대가 대학에 입학했다. 따라서 1960년대는 대학 교육에 대한 수요가 증가하던 시기였고 여성과 유색 인종의 고등교육 접근권도 확대되어야 했다. 로드는 이런 1960년대에 뉴욕시립대학교에서 학생들을 가르치기 시작했다. 로드는 대학 교수로 일하면서 흑인학과 여성학을 설립하는 데 헌신했다. 아울러 인종 문제와 젠더를 다루는 교과목을 도입하기 위해 힘썼다. 인종 문제를 다루는 교과목 도입은 당시 뜨거운 요구 사항이었다. 이는 백인남성중심적인 전체 교과 과정에서는 도무지 파악되지 않는 문제였고 백인 교수진이 할 수 없는 일이었다. 로드는 인종과 젠더를 다루는 교과목을 개설해 강의한다. 유색 여성 문학 교과목을 도입하고 확대하는 데에도 힘썼다. 이런 노력은 여성학과 흑인학 설립에 밑거름이 되었다.

학계 밖에서 로드는 흑인 페미니스트 단체인 '콤바히강 공동체(Combahee River Collective)'(1974~1980)에 참여해 "흑인 페미니즘 선언문(A Black Feminist Statement)"을 함께 발표했다. 1960년대부터 1980년대까지 전개된 제2물결 급진적 여성 운동의 역사는 주로 백인 여성 중심으로 쓰였지만, 콤바히강 공동체 같은 단체는 흑인 여성들과 유색 여성들도 급진적 여성 운동의 중요한 주체였음을 보여 준다.

로드는 여러 문예지의 창간 멤버이자 편집장으로 활동하며 유색 여성 레즈비언의 관점과 경험을 공적 인식의 지평에 들여오는 데 힘썼다. 이런 노력은 유색 여성과 레즈비언을 사회적으로 비가시적인 존재로 만드는 미국의 인종화하고 젠더화한 권력 구조를 변화시키려 한 인식론적 정치 투쟁이었다. 예컨대 1976년 로드는 레즈비언 문예지 ≪상황(Conditions)≫ 창간에 참여했다. ≪상황≫을 편집하고 출판하면서 당대 지배적 인식의 지평이 이성애중심적임을 드러내고 레즈비언의 사회적 존재를 가시화하려는 인식론적 투쟁에 참여했다.

로드는 레즈비언 공동체의 담론적 지평도 확장했다. 당시 막 발흥한 레즈비언 공동체는 종종 배타적 노선을 선택하곤 했다. 그러한 배타성은 퀴어인 사람들에 대한 미국 사회의 배제와 박해를 반영했다. 그러나 레즈비언인 '우리'의 자매애를 강화하고자 '우리'를 편협하게 규정하고 '우리'가 아닌 이들을 성원권과 유대의 경계 밖으로 몰아내는 정치는 동성애 혐오에 대한 근시안적 대응이다.

이런 대응을 비판한 글이 ≪상황≫에 발표한 에세이 "남자아이(Man Child)"다. 이 글은 딸과 아들을 기르는 레즈비언 엄마의 경험을 나눈다. 당시 레즈비언 공동체가 종종 표방한 분리주의 노선에서 레즈비언 엄마는 불가능한 존재다. 지금과 같은 재생산 테크놀로지가 존재하지 않던 시절, 여성이 이성애 관계를 거부하는 것은 자연 출산에 따른 모성도 거부함을 뜻했다. 로드는 당대 레즈비언 공동체의 분리주의 노선이 다양한 상황에 놓인 레즈비언들에게

단 하나의 억압적 선택을 강요한다고 비판했다. 로드는 자신의 모성 경험을 공적 지면에서 나눔으로써 미래 세대를 위한 퀴어 운동에 새로운 방향을 제시했다.

로드가 당대 활발하게 활동한 페미니스트들, 레즈비언 페미니스트들과 함께 여러 문예지에서 적극적으로 활동한 까닭도 미래 세대의 길을 열기 위해서였다. 유색 여성이 문단에서, 페미니스트 문예지나 레즈비언 문예지에서조차 공적 지면을 얻는 일은 매우 어렵다. 1950년대부터 시를 쓰며 이 점을 수없이 경험했던 로드는 다른 유색 여성들과 함께 길을 열어 가기 위해 문예지 활동에 적극 참여했다.

1977년 로드는 페미니스트 문예지 ≪크리샐리스(Chrysalis)≫ 창간에 합류했다. 이 문예지의 시 분야 편집장을 맡으면서 유색 여성 시인들을 발굴하는 데 힘썼다. 미국에서 유색 여성의 말과 글은 수많은 사회적 장애물을 통과해야만 가까스로 공적 접근권을 얻는다. 미국의 사회 구조에서 유색 여성은 경제적 여유든 심리적 여유든 글을 쓸 여유가 있는 계급에 속하기 어렵다. 그뿐 아니라 글은 대체로 백인, 남성의 것으로 간주된다. 아울러 성적인 것은 종종 이야기될 수 없다.

로드는 유색 여성의 집단적 목소리를 공적으로 나누기 위해 흑인 페미니스트 비평가 바바라 스미스(Barbara

Smith) 등과 함께 직접 출판사를 설립했다. 로드가 설립한 '키친테이블: 유색 여성 출판사(Kitchen Table: Women of Color Press)'는 현대 미국 페미니즘 이론사에서 분수령이 된 책들을 출간했다. 키친테이블은 계급, 인종, 섹슈얼리티 등의 장벽을 넘어 사회적 존재로서 공적 목소리를 내는 유색 여성들을 모으고 그들의 글을 출판하는 대표적 출판사가 되었다. 키친테이블이 설립 초기에 출판한 서적들 중에는 훗날 현대 페미니즘 이론의 고전이 된 책들도 있다. 예컨대 ≪나의 등이라 불리는 이 다리(This Bridge Called My Back)≫와 ≪홈 걸스: 흑인 페미니즘 선집(Home Girls: A Black Feminist Anthology)≫은 미국 유색 여성 페미니즘의 발흥을 기록하고 흑인 페미니즘의 토대를 마련한 책이다.

현대 페미니즘 이론의 혁신

로드는 흑인 페미니즘 전통에서 글을 쓰면서 현대 페미니즘 이론의 지식 생산 방식을 혁신할 수 있었다. 흑인 페미니즘 전통은 흑인 여성들이 19세기 노예제 시절부터 흑인의 해방과 자유에 헌신해 만들어진 전통이다.

흑인 페미니즘 전통의 특징은 흑인 공동체의 생존과 사회 변화, 자기 변화를 지향하는 지식, 의식, 힘 기르기의 정치다(Collins, 2009: 1장). 지식은 지배자의 관점과 경험, 지배 집단의 유지에 유리한 쪽으로 생산된다. 그래서 세상을 이해하는 경로인 지식은 피지배 집단의 해방과 자유에 필수적인 인식론적 투쟁이 펼쳐지는 장이다. 피지배 집단은 인식론적 투쟁을 통해서 자신의 관점과 경험에 기반해 세상을 파악하는 의식을 획득한다. 힘 기르기의 정치란 이 인식론적 투쟁을 통해 얻은 지식과 의식을 흑인의 생존과 공동체의 성장을 도모하는 활동에 연결하는 정치다.

흑인 페미니즘은 억압에 대항하기 위해 사회사상을 생산하고 발전시켜 왔지만, 미국 특유의 억압 구조로 인해 학계의 표준을 벗어난 "보이지 않는 전통"으로 존재했다. 이는 흑인과 흑인 공동체의 생존에 필요한 모든 지혜와 지식이 활용 가능한 모든 방식으로 전수되었음을 뜻한다. 즉 흑인 페미니즘은 학계의 표준을 벗어난 대항지식과 지혜가 전수되어 만들어진 전통이다. 이 전통은 사회 정의의 정치이자 흑인의 집단적 생존을 도모하는 비판 사회 이론이다.

로드는 두 가지 측면에서 현대 페미니즘 이론을 혁신했다. 첫째, 로드는 여러 억압의 교차적 관계성을 선구적으로 이론화했다. 둘째, 로드는 교차적 억압을 분석하기 위한 감정 연구의 지평을 열었다. 로드는 "흑인 레즈비언 페미니스트이자 사회주의자며, 딸과 아들을 키우는 어머니고, 인종 경계를 넘어 백인 여성 배우자와 함께 살고 있는" 여성(Lorde, 2018: 193)으로서 자신의 관점과 경험에 기반해 글을 쓴다. 로드는 자신이 지닌 다층적 차이를 긍정하고 자신의 경험을 이론화하면서 억압을 분석한다.

로드가 ≪시스터 아웃사이더≫와 ≪나는 당신의 자매입니다≫에서 제시한 억압 분석은 계급, 인종, 젠더, 섹슈얼리티 등을 이질적이면서도 동시적으로 작동하는 억압의 체계들로 분석하는 접근 틀을 사용한다. 그러면서 여러 억압 체계는 서로 위계적 관계를 맺는 것이 아니라 교차적 관계성을 띤다는 점을 이론화한다. 로드의 교차성 이론은 감정 정치에 대한 탐구로 완성된다. 로드의 감정 연구는 교차성 이론이 미국 흑인 페미니즘을 통해 정교해지고 발전할 토대를 마련했다. 그뿐 아니라 흑인 여성과 레즈비언의 경험과 역사를 통합하는 페미니즘 관점과 이론을 형성하는 데 기여했다.

특히 로드의 ≪시스터 아웃사이더≫는 1970~1980년대 페미니즘 이론이 더 이상 권력 구조를 분석할 때 젠더만을 중시할 수 없게 했다. 즉 젠더와 여성의 경험을 분석하고 설명할 때 인종과 계급 등이 젠더를 어떻게 복잡하게 만드는지 살펴보고 인식하게 했다. 로드는 흑인 공동체에서는 레즈비언 페미니스트로서, 여성 운동과 페미니즘 이론에서는 레즈비언 흑인 여성으로서 활동하며 동성애 혐오, 성차별, 인종차별에 맞서 최전선에서 투쟁했다. 로드의 이러한 인식론적 즉 정치적 투쟁은 그의 글들에 고스란히 담겨 있다.

예컨대 로드는 1980년대 초 인종차별 문제를 둘러싼 논의에서 백인 페미니스트들과 자매애를 강조하는 여성학회에 개량주의적 정치에서 탈피할 것을 요구한다. 이러한 요구는 "주인의 도구로는 결코 주인의 집을 허물 수 없다(the master's tools will never dismantle the master's house)"는 로드의 명언으로 요약된다. 동명의 글과 "나이, 인종, 계급, 성: 차이를 재정의하는 여성들(Age, Race, Class, and Sex: Women Redefining Difference)" 그리고 "분노의 활용: 인종차별주의에 대응하는 여성들(The Uses of Anger: Women Responding to Racism)"에서 로드는 젠더만을 강조하는 여성 연대와 자매애가 유색 여성과 퀴어 여성을 배제하고 억압하는 방식을 분석한다. 인종차별, 계급차별, 동성애 혐오는 서로 맞물려 서로를 강화하며 작동한다. 이 점을 인식하지 못하는 페미니즘 이론과 정치는 주인의 도구를 사용해 주류 편입을 꾀하는 개량주의일 뿐이다.

이 책의 구성: 로드의 존재론, 인식론, 관계론

이 책은 로드의 페미니즘을 존재론, 인식론, 관계론에 초점을 맞추어 살펴본다. 한 사회의 주변부에 있는 이들에게 앎은 자신의 존재를 되찾는 것에서 시작한다. 우리의 존재를 사회적으로 부정하고 혐오하는 지배적 규정에 맞서 자신의 존재를 스스로 온전히 정의하고 긍정하는 일은 생존의 문제고 앎의 문제며 다른 이들과 함께 온전히 살아가는 삶을 쟁취하는 정치다.

자신의 존재를 되찾으려 할 때 우리가 참조할 수 있는 오랜 역사가 있다. 우리보다 앞선 이들이 그들의 맥락에서 해방과 자유를 쟁취하면서 만들고 발전시킨 전통과 지혜가 있다. 우리는 이 역사와 지혜에 의지해 우리 자신을 되찾고 새로운 의식과 지식을 획득하며 다른 이들과 함께 온전한 삶을 향해 나아간다. 이 책은 오드리 로드가 우리에게 남긴 유산을 살펴봄으로써 지금 여기 우리에게 필요한 것이 무엇인지 탐색한다.

이 책은 로드의 산문집 두 권에 주목해 로드의 페미니즘을 살펴본다. 1984년에 출판된 ≪시스터 아웃사이더≫는 현대 페미니즘 이론사에서 지식 생산의 새로운 방향을 설정했다는 점에서 자세히 살펴볼 가치가 있다. ≪나는 당신의 자매입니다≫는 1986년 키친테이블에서 출간된 글들과 로드 생전에 출간되지 않은 글들을 그의 사후에 엮어 2011년에 출판된 책이다. 이 산문집은 ≪시스터 아웃사이더≫와 자서전 ≪자미(Zami)≫를 제외한 로드의 거의 모든 산문을 담고 있다(한국어판은 ≪나는 당신의 자매입니다≫와 ≪빛의 폭발≫로 나뉘어 두 권으로 출판된다). 특히 로드의 초국가적 활동과 지구적 인식의 지평이 분명히 드러나는 글들을 담고 있다. 그뿐 아니라 로드가 미국의 초기 퀴어 운동과 담론에 어떻게 기여했는지도 보여 준다. ≪시스터 아웃사이더≫는 로드의 이론적 기여와 흑인 페미니즘을 잘 보여 주는 책이지만, 초기 퀴어 운동과 담론을 형성한 로드의 연설과 글을 배제했다는 한계가 있다. ≪나는 당신의 자매입니다≫는 ≪시스터 아웃사이더≫의 이런 편향을 보완하고 로드의 지적 작업과 삶의 궤적을 좀 더 균형 잡힌 시선으로 온전하게 살펴볼 수 있게 하는 책이다.

로드의 페미니즘은 깊은 감정, 우리 마음의 가장 깊은 곳, 가장 억압된 것에서 가장 강한 힘의 원천을 찾아내는 존재론을 제시한다. 이 존재론은 여성을 역사와 삶과 공동체의 주체로 정의한다. 여성은 여성을 억압해야만 유지되는 가부장적 젠더 권력 구조의 피해자가 아니라 억압에도 불구하고 살아남은 생존자다. 생존의 주체로서 여성은 자기 삶의 주체이자 사회를 변화시키는 역사의 주체다.

로드의 존재론은 로드가 "시"라고 부르는 것으로 요약된다. 여성들의 말하기와 글쓰기를 뜻하는 시는 여성임을 긍정하는 존재론적 행위이자 사회 변화를 일구는 활동에 계속 필요한 일상적 실천 사항이다. 여성들이 따로 또는 함께 말과 글을 나눌 때 페미니즘 존재론의 내용과 정치적 힘은 더욱 풍성해진다.

로드가 제시하는 인식론은 당대의 주류 관점, 정의, 지식의 생산과 인증 방식이 무엇인지 비판적으로 드러낸다. 로드는 '교차성 인식론'이라는 대안적 인식론도 제시한다. 인식론은 무엇이 지식이라고 인정되는지, 지식은 어떻게 생산되고 지식으로 인증되는지 다룬다. 페미니즘 인식론은 여성임을 긍정하는 존재론을 구축하는 과정에 필수적인 앎과 그 앎을 생산하는 방식에 대해 이야기한다.

로드의 인식론은 우리가 스스로를 정의하는 것에서 출발해, 흑인 레즈비언 여성의 관점에서 흑인 레즈비언 여성의 경험을 지식으로 생산한다. 우리가 처한 상황, 사회 속에 놓인 우리를 복잡하고 정교하게 이해할수록 우리가 그 상황을 어떻게 헤쳐 나갈지 더 잘 파악할 수 있다. 흑인 레즈비언 여성의 관점과 경험은 미국 사회의 주류 관점과 지식 생산 방식으로는 전혀 인지되지 않는다. 그래서 로드가 제시하는 지식과 지식 생산 방식은 당대의 페미니즘 이론, 학계에서 막 발흥하기 시작한 여성학, 주류 학계의 관점과 지식 생산 방식의 맹점을 드러낸다. 로드는 흑인 레즈비언 여성의 관점과 경험을 지식 생산의 중요한 척도로 삼는다.

존재론과 인식론은 관계론으로 완성된다. 로드는 사회 변화를 추구해 온 우리가 실망하는 지점들, 우리가 서로의 차이를 다루지 못해 서로에게 상처를 주고 나 자신의 상처도 깊어지는 지점을 다룬다. ≪시스터 아웃사이더≫ 말미에 실린 두 편의 글 "1960년대로부터 배울 점(Learning from the 60s)"과 "서로의 눈동자를 바라보며: 흑인 여성, 혐오 그리고 분노(Eye to Eye: Black Women, Hatred, and Anger)"는 존재론과 인식론을 관계론으로 연결해 완성한 글이다.

로드의 관계론은 흑인 페미니즘의 존재론과 인식론이 도무지 실천되지 않는 영역들 즉 일상, 친밀한 관계, 일상적 대인 관계에 주목한다. 억압적 사회 구조에서 우리 자신이 내면화하는 자기혐오와 심리적 상호 회피의 일상적 정서 기제를 다룬다. 자기혐오는 우리가 사회 억압을 내면에 깊이 받아들여 스스로에게 휘두르는 폭력이다. 자기혐오는 우리 사이에서 서로에 대한 분노와 거리 두기로 표출되며 우리 사이의 사랑과 유대를 가로막는다.

로드는 자신이 쓴 산문 중 최고의 작품으로 "시는 사치가 아니다(Poetry is Not a Luxury)"와 "서로의 눈동자를 바라보며"를 꼽는다. "서로의 눈동자를 바라보며"는 로드의 교차성 이론과 감정 연구를 가장 정교하게 연결한 글이다. 로드는 페미니스트들 사이에, 흑인 여성들 사이에 벌어지는 일을 교차성 분석뿐 아니라 심층 심리 차원에서도 탐구한다. 이 점이야말로 로드가 제시한 교차성 이론과 차이 페미니즘을 깊고 풍성하게 한다. 훗날 펼쳐질 페미니즘 이론에 깊이를 더한 것도 바로 이 점이다. 여성들 사이의 차이를 페미니즘 이론과 정치의 자원으로 만들어 낸 로드의 교차성 이론과 감정 연구는 페미니즘 지식 생산에 레즈비언과 흑인 여성의 경험을 통합하는 관점과 접근 틀을 들여왔다. 이로써 훗날 교차적 관점을 취하지 않는 페미니즘 이론 작업은 불가능해졌다.

로드의 인식론이 관계론으로 완성된다는 점은 기존 인식론의 지평을 확장한다. 깊은 감정의 힘을 활용하는 존재론, 감정과 정서적 앎이 우리가 세상을 파악하는 방식의 중요한 요소라고 인정하는 인식론은 따로 또 함께 온전한 삶을 살아가는 관계를 만들어 가는 비전과 연결되어야 비로소 실천된다. 로드가 감정 연구에 몰두한 배경에는 미국에서 민권 운동이 쇠락하고 신자유주의가 본격화하던 시기,

집단적 혁명의 열기가 식자 정치적 반동과 보수화의 밀물이 닥치던 시기, 사회 변화에 헌신했던 이들이 정치적 절망이나 우울에 빠진 시기가 있다. 우리는 감정 연구에 기반한 로드의 관계론을 통해 정치적 우울과 절망, 차이로 인한 갈등과 상처를 다루면서 새롭고 다른 방식으로 힘을 길러 가는 비전을 벼려 낼 수 있다.

참고문헌

박미선(2020). “미국 흑인 페미니스트 오드리 로드의 교차성 이론과 감정 연구”. ≪미국학≫, 41(1), 33-63쪽.

Collins, P.(1991). *Black Feminist Thought*. 주해연·박미선 옮김(2009). ≪흑인 페미니즘 사상≫. 여이연.

Lorde, A.(1984). *Sister Outsider*. Crossing Press. 주해연·박미선 옮김(2018). ≪시스터 아웃사이더≫. 후마니타스.

Lorde, A.(2011). *I Am Your Sister: Collected and Unpublished Writings of Audre Lorde*. Byrd, R. P., Cole, J. B., & Guy-Shaftall, B.(eds.). Oxford University Press.

차례

일러두기

• 인명, 작품명, 저서명, 개념어 등은 한글과 함께 괄호 안에 해당 국가의 원어를 병기했습니다.
• 외래어 표기는 현행 어문규정의 외래어표기법을 따랐습니다.
• 이 책은 저자의 다음 학술 논문을 바탕으로 저술되었습니다.
– 박미선(2024). "오드리 로드의 레즈비언 모성과 퀴어 인식론". ≪영미문학페미니즘≫, 32(2), 33-56쪽.
– 박미선(2018). "오드리 로드의 교차성 이론과 감정 연구". ≪미국학≫, 41(1), 33-63쪽.
– 박미선(2014). "여성주의 좌파 이론을 향해서: 흑인 페미니즘 사상과 교차성 이론". ≪진보평론≫, 59, 105-125쪽.

01

시스터 아웃사이더와 흑인 담론

흑인 여성에게 페미니즘은 미국에서 흑인 여성으로 사는 것의 복잡성을 다루면서 개인적·집단적 생존을 도모하는 힘이다. 흑인 페미니즘은 대체로 흑인 남성의 배타적 영역으로 구축된 흑인 담론에 대안을 제시한다. 로드는 레즈비언 시스터 아웃사이더로서 흑인 담론과 흑인 페미니즘을 급진화한다.

시스터 아웃사이더

로드는 흑인 레즈비언 여성들이 흑인 공동체의 생존과 성장, 흑인 페미니즘과 현대 페미니즘 이론의 발전에 기여했음을 공적으로 기록하고 논의했다. 로드는 흑인 민권 운동이 발흥하던 시절 자신을 흑인 레즈비언 페미니스트로 공표하고 활동했다.

급진적 여성 운동이 발흥했던 이 시절 로드는 19세기부터 흑인 여성들이 마주했던 어려움을 다루어야 했다. 반성차별 투쟁에 집중하는 백인 여성들과 어떻게 연대할 것인가. 다른 한편으로 흑인 시민권 확대를 주장하면서 여성의 종속을 당연시하는 흑인 공동체의 가부장적 남성중심주의 그리고 공동체 내부의 성차별과 성폭력에 맞서 싸우기 위해 어떻게 흑인 여성들을 조직할 것인가. 로드는 흑인 민권 운동과 여성 운동이 만나는 지점에서 레즈비언의 시각과 입장으로 흑인 공동체에 개입하고 페미니즘 정치와 이론을 급진화한다.

로드는 자신을 '시스터 아웃사이더'라고 부른다. 이 명명은 흑인 레즈비언 페미니스트가 미국 사회에서 그리고 당대 흑인 공동체와 여성 운동에서 부여받는 위치성(아웃사이더)과, 내부의 외부자라는 그 위치에서 활동하는 정치적 입장(시스터)을 결합한다.

아웃사이더는 로드의 급진적 의식이 나오는 지점이자 지식을 생산하는 지점이다. 로드가 아웃사이더를 "생존으로 정의"하기 때문이다. 이는 배척되고 주변화되는 위치에서도 자기 자신을 온전히 긍정한다는 뜻이다. 소수자에게 자기긍정이란 주류의 인정을 받으라는 동화의 유혹을 뿌리칠 뿐 아니라 주류 편입을 욕망하지 않는다는 뜻이다.

> 나는 항상 아웃사이더였다. 아웃사이더를 생존으로 정의했기 때문이다. 아웃사이더는 힘도 어느 정도 주지만 상당히 큰 취약성을 주는 위치다. 아웃사이더는 우리를 가장 상처받기 쉽게 하는 것이 우리를 가장 강하게 하는 것이라는 점을 인식하는 기본적인 의식이기도 하다. 아웃사이더임은 우리를 끔찍할 정도로 상처받기 쉽게 하지만 또한 우리를 여하한 기대로부터 해방해 준다.(Hall, 2004: 38)

로드는 "가장 상처받기 쉬운" 위치를 생존과 해방의 비전을 지닌 강력한 의식이 나오는 곳으로 재정의한다. 주변으로 배제된 위치를 다르게 활용해 사회적 기대에서 스스로를 해방하는 위치로 삼은 것이다. 소수자가 온전한 삶을 사는 방식이 여기 있다.

시스터 아웃사이더는 흑인 공동체에서 종종 흑인 민족의 배신자(인종 대신 여성임을 우선시한 흑인)라고 비난받는다. 흑인 여성은 여성 운동에 분명히 존재했고 능동적으로 참여하고 기여했지만 주변적 존재로 여겨진다. 해방을 향한 여러 정치와 집단에서 흑인 레즈비언 여성은 소속을 종종 부정당한다.

시스터 아웃사이더는 주변부적 위치나 경계 외부의 비가시적 영역을 부여받지만 여러 차이의 경계를 넘나들며 차이의 인식을 촉구한다. 로드는 시스터 아웃사이더로서 공통된 경험과 소속·입장을 강조하는 해방 정치와 정체성 정치에 참여해, 사회적 인식과 소속의 경계 밖에 있는 존재들을 평등한 사회적 존재로 인식하는 급진적 인정의 정치에 헌신한다.

흑인 담론과 흑인 남성

로드의 시스터 아웃사이더 입장은 흑인 담론의 역사를 배경으로 한다. 그 입장은 당대 흑인 민권 운동, 흑인 미학, 블랙 파워 운동에 대한 흑인 레즈비언 페미니스트의 인식론적·정치적 대응이기도 하다.

미국의 흑인 담론에서 흑인 여성의 삶과 경험은 제대로 다루어진 적이 없다. 흑인 민권 운동, 흑인 미학, 블랙 파워 운동 등 1960년대와 1970년대의 흑인 담론에서도 마찬가지다. 이 시기 흑인 담론은 흑인 민족주의를 표방했다. 흑인의 정치적 자의식에 입각해 흑인 스스로 정의한 문화 정체성을 고취하고 미국의 인종차별 정책에 맞서 흑인을 보호하겠다는 약속을 제시했다. 그러나 이 약속의 주체는 흑인 남성이었으며 흑인 여성은 이 약속을 실현해 보호해야 할 대상일 뿐이었다.

흑인 담론에서 인종 문제는 남성들 간 투쟁으로 규정된다. 흑인 겨레라는 관념 역시 흑인 남성의 영역으로 간주된다. 흑인 겨레의 자결권도 남성성과 연결된다. 자신이 속한 뿌리를 되찾고 흑인 정체성을 주장하는 것 역시 그러하다. 흑인 민권 운동의 두 이데올로기적 날개였던 흑인 민족주의와 흑인 미학은 극도로 완강한 남성중심주의를 고수했다.

흑인 해방의 비전에 기반해 건설된 흑인 공동체 내부에서도 흑인 여성의 종속은 당연시된다. 남성의 투쟁이 중요하다는 논리하에 공동체 내부의 여성 억압이 정당화된다. 대표적 흑인 민족주의자인 아미리 바라카(Amiri Baraka)와 엘드리지 클리버(Eldridge Cleaver)는 흑인 여성이 흑인 투사를 낳는 재생산 수단이라고 공언하곤 했다.

흑인 민족주의 담론은 노예제로부터 이어져 온 흑인의 과거 역사를 억압적인 것으로 규정한다. 노예로 착취당하며 차별받았던 억압의 역사가 다가올 흑인 해방의 미래를 짓누른다고 본다. 이런 역사관은 아이러니하게도 흑인을 미국사의 주체로 상정하지 않는다. 즉 흑인의 역사가 해방적 미래를 억압한다고 보는 관점은 흑인을 인종차별의 피해자로만 상정할 뿐, 억압에 저항하며 살아남은 생존의 역사를 일구어 낸 주체로 보지 않는다. 이렇게 흑인을 억압의 피해자로만 상정하는 것은 흑인들이 실제로 발휘해 온 생존의 행위 능력과 집단적 지식을 부정한다.

흑인 담론의 남성중심성이 낳은 폐해는 흑인 남성의 사회적·인식론적 비가시성에 대한 강박적 집착에서도 드러난다. 남성중심적 흑인 담론은 대체로 백인 남성을 기준 삼아 흑인 남성을 논의한다. 기준을 이렇게 설정하면 흑인 남성은 대상으로만 존재한다. 미국 사회에서 흑인 남성은 자신이 처한 위치와 경험을 급진적으로 재해석하고 재인식하는 순간에도 자신을 백인 남성의 시각으로 바라보며 분석한다. 이것이 20세기 흑인 담론에 큰 영향을 미친 윌리엄 에드워드 버가트 듀보이스(William Edward Burghardt Du Bois)가 말한 "이중적 의식(double consciousness)"이다.

흑인 남성 주체는 백인의 시선으로 자신을 바라봄으로써 분열된 자의식을 갖는다.

흑인 남성들이 백인 남성이 누리는 특권을 자신들도 평등하게 누려야 한다고 주장할 때 그 요구 대상은 남성 젠더 특권이다. 권리 향상을 위한 투쟁의 구체적 목표가 무엇이든 이런 요구에서 흑인 남성성은 백인 남성들이 누리는 젠더 특권의 상실로 규정된다. 인종차별은 남성들이 속한 집단에 따라 누리거나 누리지 못하는 젠더 특권의 독점과 상실의 문제로 인식된다. 이런 인식은 인종차별이 여성에 대한 차별과 폭력으로 연결된다는 점을 무시하거나 침묵으로 일관한다.

19세기와 20세기의 흑인 담론에서도 흑인 시민권은 남성성과 연결된다. 20세기 초 듀보이스의 논의에 흑인 여성은 존재하지 않는다. 흑인 여성이 거론되더라도 흑인 남성성의 확립을 방해하는 존재로 규정된다. 듀보이스는 흑인 여성이 백인 노예주의 성적 유혹에 복종하는 순종적 존재며 그러므로 흑인 인종의 배신자라고 폄하한다. 듀보이스의 논의에서 흑인 남성은 백인 소녀의 시선을 통해 자신이 백인 남성과는 다른 존재임을 최초로 의식하게 된다. 흑인 남성이 처한 존재론적 위기는 오로지 미국의 가부장적 남성 사회에 흑인 남성이 평등한 형제로 편입할 때에만 해소된다.

1950년대에 랠프 앨리슨(Ralph Ellison)이 통렬하게 논의한 흑인의 사회적 비가시성 개념도 흑인 남성만을 주체로 상정한다. 앨리슨의 ≪보이지 않는 인간(Invisible Man)≫은 허구적 인물들을 창조해 흑인 담론의 역사를 요약한 소설이다. 이 소설의 주인공 화자는 남북전쟁 이후 재건기부터 20세기 중반까지 각 시기에 다양한 입장으로 흑인 해방 투쟁을 이끌었던 남성 지도자들이 허구적으로 형상화된 인물들을 만난다. 앨리슨이 재현한 흑인 담론사 어디에도 주체로서 흑인 여성은 없다.

프레더릭 더글러스(Frederick Douglass), 부커 워싱턴(Booker Washington), 윌리엄 로이드 개리슨(William Lloyd Garrison), 마르쿠스 가비(Marcus Garvey), 듀보이스 등이 제시한 주요 흑인 담론은 다양한 입장에서 흑인 진보의 방향을 제시한다. 그러나 이때 진보는 남성성과 동일시된다. 바로 이 때문에 흑인이 처한 역사적·현실적 고통과 그에 기반해 나온 진보의 비전은 여전히 미완의 기획으로 남는다.

흑인 여성과 페미니즘

흑인 페미니즘은 대안적인 흑인 담론이다. 흑인 페미니즘은 1831년 마리아 스튜어트(Maria Stewart)를 필두로 19세기·20세기 흑인 여성들의 생존과 저항에서 축적된 전통이다. 흑인 페미니즘은 더욱 포괄적인 차원에서 그리고 더욱 온전하게 흑인의 자유와 해방의 복잡성을 다루며 해방 실천을 주도했다. 흑인 페미니즘은 흑인 담론에 대안을 제시한다.

흑인 여성들은 흑인 담론에서 주체로 인정되지 않았다. 그러나 이들은 흑인 해방 투쟁에 적극적으로 참여하며 그 투쟁을 이끈 주체다. 자기 자신과 가족, 공동체의 삶을 향상하기 위해 스스로를 조직해 온 흑인 여성들의 오랜 역사가 있다. 이 역사는 노예제 시절에서 시작된다. 흑인 여성들은 억압받고 착취당했지만 종속을 기꺼이 받아들이지 않았다. 오히려 이들은 스스로가 겪은 삶의 경험과 이를 통해 얻은 앎으로 종속의 현실에 매일 대응하며 자신의 목소리를 내고 전수할 방법을 만들어 냈다. 자신들이 투쟁을 통해 얻은 정치와 지혜를 구술과 기록으로 후대에 전달했다. 이렇게 축적된 것이 흑인 페미니즘이다.

예컨대 19세기 후반의 흑인 해방 투쟁 지도자 프랜시스 하퍼(Frances Harper)는 소설 속 공간에서 대안적 흑인 담론을 제시한다. 앨리슨처럼 하퍼도 ≪아이올라 리로이, 걷힌 그늘(Iola Leroy, or Shadows Uplifted)≫에서 허구적 인물들을 창조해 19세기 후반 흑인 해방 투쟁 지도자들이 당대 흑인이 직면한 현실에 대응하는 방식을 재현한다. 그러나 하퍼의 흑인 담론은 앨리슨이 소설을 통해 탐구한 흑인 담론과 확연히 대조된다.

하퍼가 제시한 흑인 담론은 노예해방령과 법률상 흑인의 평등한 시민권이 흑인 투쟁의 산물이라고 인식한다. 여기서 흑인 남성과 흑인 여성은 노예 제도의 피해자가 아니라 저항, 군 입대를 통한 사회 기여, 지속적 투쟁을 통해 노예 신세에서 스스로를 해방하는 주체다. 하퍼는 흑인 여성을 흑인 공동체의 온전한 구성원으로 기록한다. 흑인 여성의 집단적 해방은 백인 남성에 의해 주어지는 것이 아니라 흑인 남성의 투쟁을 동반한다. 마찬가지로 흑인 남성들이 해방되려면 흑인 여성들이 함께 투쟁해야 한다. 하퍼는 젠더와 섹슈얼리티에 따라 흑인 시민권의 의미가 달라지는 방식을 분석하면서 당대에 활용할 수 있는 잠정적 타협안도 제시했다.

흑인 여성들에게 페미니즘은 흑인 여성으로 살아가는 것의 복잡성을 인식하고 개인적·집단적 생존과 해방을 도모하는 힘이다. 흑인 여성들이 다양한 맥락과 상황에서 전개한 저항의 심장부에는 스스로의 경험에 기반해 나온 흑인 여성임에 대한 이해와 자기정의가 있다. 흑인 여성의 자기정의는 권력 체계가 규정한 흑인 여성성이 정치적 문제임을 드러낸다. 자기정의는 여성 해방, 흑인 공동체 해방을 끈질기게 추구할 필요성에 대한 정치적 인식과 인간 해방의 비전으로 연결된다. 흑인 여성들의 저항과 생존은 억압, 착취, 피해의 경험이 그들의 삶과 존재의 전부가 아님을 뜻한다.

로드의 페미니즘은 노예제 시기 흑인 해방 운동에 헌신했던 마리아 스튜어트와 소저너 트루스(Sojourner Truth), 19세기 후반의 애나 줄리아 쿠퍼(Anna Julia Cooper), 아이다 웰스(Ida Wells), 프랜시스 하퍼 그리고 20세기 전반부의 흑인 여성 운동을 계승한다. 그러면서 레즈비언의 입장과 경험에 바탕을 두고 흑인 페미니즘 전통을 급진적으로 확장한다.

(1장 집필은 윤조원 교수와의 대화에 도움을 받았다. 이 책을 흑인 담론과 흑인 여성으로 시작하라고 제안한 윤조원 교수께 감사한다.)

참고문헌

박미선(2011). "현대 미국 흑인여성들의 문학적 개입: 흑인 민족주의의 가능성과 한계". ≪여성학연구≫, 21(3), 7-36쪽.

박미선(2012). "자유인에서 시민으로: 프랜시스 하퍼의 ≪아이올라 르로이≫와 남북전쟁 이후의 흑인시민권". ≪현대영미소설≫, 19(3), 53-77쪽.

Collins, P.(1991). *Black Feminist Thought.* 주해연·박미선 옮김(2009). ≪흑인 페미니즘 사상≫. 여이연.

Davis, A.(1983). *Women, Race & Class.* Vintage Books. 황성원 옮김(2022). ≪여성, 인종, 계급≫. 아르떼.

Dubey, M.(1994). *Black Women Novelists and the Nationalist Aesthetics.* Indiana University Press.

Dubois, W. E. B.(1903). *The Souls of Black Folk.* Oxford University Press.

Ellison, R.(1952). *Invisible Man.* Vintage Books.

Hall, J. W.(ed.)(2004). *Conversations with Audre Lorde.* University Press of Mississippi.

Harper, F.(1892). *Iola Leroy, or Shadows Uplifted.* Beacon Press.

02
콤바히강 공동체와 "흑인 페미니즘 선언문"

콤바히강 공동체의 "흑인 페미니즘 선언문"은 흑인 페미니즘의 역사와 특징을 요약한 문서다. 흑인 페미니즘은 흑인 여성이 경험하는 모든 억압을 거론해야 흑인 해방이 가능하다는 집단적 경험이 축적된 담론이자 정치다. 이 선언문은 교차성 이론의 원형이 될 분석을 제시한다. 미국 자본주의는 인종, 젠더, 계급이 서로 맞물려 작동하는 억압적 권력 구조를 지니며 이런 작동의 핵심에 이성애중심적 섹슈얼리티 규율이 있다.

급진적 여성 운동과 흑인 페미니스트들

1973년 샌프란시스코에서 '행동하는 흑인 여성들(Black Women Organized for Action)'이 설립된다. 몇 달 후 '전국 흑인 페미니스트 단체(National Black Feminist Organization)'도 설립된다. 이 단체들은 현대 흑인 페미니즘의 발전을 시사한다. 급진적 여성 운동에 대한 흑인 여성들의 공헌도 보여 준다. 자신이 페미니스트임을 담대히 밝히며 스스로를 조직한 이 흑인 여성들은 급진적 여성 운동의 담론을 변화시켰다. 이들은 흑인 공동체에서 자신들을 고통스럽게 하는 문제에 더 이상 침묵하지 않을 것이라고 공표하며 여성에 대한 폭력과 차별에 맞서 투쟁했다.

로드는 바바라 스미스와 베벌리 스미스(Beverley Smith), 셰릴 클라크(Cheryl Clark), 글로리아 헐(Gloria Hull) 등과 함께 '전국 흑인 페미니스트 단체'의 보스턴 지회 설립에 참여했지만, 이 단체와 흑인 공동체의 이성애중심적 편협성에 저항하기 위해 1974년 최초의 흑인 레즈비언 페미니스트 단체인 콤바히강 공동체를 설립했다.

'콤바히강 공동체'는 노예 해방 무장 투쟁을 이끈 흑인 여성 해리엇 터브먼(Harriet Tubman)을 기리고자 붙인 이름이다. 콤바히강은 터브먼이 남북전쟁 당시 약 800명의 흑인 노예를 해방한 전투를 치렀던 곳이다. 즉 로드를 비롯한 1970년대의 급진적 흑인 레즈비언 여성들은 자신들의 활동이 19세기 흑인 여성들의 역사를 물려받았음을 단체명으로 기록했다. 이들은 1978년 '전국 흑인 레즈비언과 게이 남성 연합(National Black Lesbian and Gay Men Coalition)'을 설립하는 데도 적극 관여했다.

콤바히강 공동체는 20세기 후반 미국 흑인 페미니즘의 중요한 일부다. 1960년대 이후 흑인 페미니즘을 자신이 속한 전통으로 내세우고 활동한 흑인 페미니스트로는 로드, 앤절라 데이비스(Angela Davis), 베벌리 가이셰프틀(Beverly Guy-Sheftall), 스미스 자매, 바버라 크리스천(Barbara Christian), 엔토자케 샹게(Ntozake Shange), 토니 케이드 밤버라(Toni Cade Bambara), 앨리스 워커(Alice Walker), 헤이즐 카비(Hazel Carby), 데버라 맥도웰(Deborah McDowell), 퍼트리샤 힐 콜린스(Patricia Hill Collins), 퍼트리샤 윌리엄스(Patricia Williams) 등이 있다.

이들은 흑인 민권 운동의 실패 지점과 씨름한다. 다른 한편으로 백인우월주의를 핵심 교의로 삼는 가부장적 자본주의, 백인중산층중심적인 당대 페미니즘의 인종차별주의와 엘리트중심주의와 씨름한다. 흑인 담론과 흑인 민권 운동은 젠더 권력 구조와 섹슈얼리티 억압을 거론하지 못하는 정치적·담론적 실패를 노정했다. 이러한 실패는 특히 1970년대 후반과 1980년대 초 흑인 담론을 생산하던 대표적 저널인 ≪흑인 학자(The Black Scholar)≫의 지면을 뜨겁게 달군 흑인 성차별 논쟁(Black Sexist Debate)에서 분명히 드러난다. 이런 상황에서 흑인 페미니스트들은 급진적 여성 운동을 가능케 했던 자매애가 인종차별과 전 지구적 노동 분업을 근본적 차원에서 문제 삼지 못한다는 점에 도전한다.

예를 들어 데이비스는 ≪여성, 인종, 계급(Women, Race & Class)≫에서 흑인 여성의 관점에 입각해 해방과 진보의 의미를 묻는다. 그러면서 흑인 여성들의 노동과 해방 투쟁을 중심으로 미국사를 재구성한다. 데이비스가 그러한 시도를 한 까닭은 19세기부터 1980년까지 미국의 급진적 사회 운동들이 종종 단일 쟁점에 집중하면서 여성 노동자, 빈곤한 여성, 흑인 여성을 사회 변화의 주체로 인식하지 못했기 때문이다. ≪여성, 인종, 계급≫은 로드의 ≪시스터 아웃사이더≫와 함께 흑인 페미니즘과 현대 페미니즘 이론의 고전으로 꼽히며, 미국 여성사의 고전이기도 하다.

"흑인 레즈비언 여성이 경험하는 모든 억압을 거론하라"

콤바히강 공동체가 1977년 발표한 "흑인 페미니즘 선언문"은 흑인 여성이 경험하는 여러 억압의 동시성을 개념화했다는 점에서 훗날 교차성 이론이 정교해지는 데 초석을 놓았다. 이 선언문은 흑인 페미니즘의 출발점과 방향, 흑인 여성 해방이라는 목표를 천명하고 흑인 여성이 직면한 현실을 분석한다. 그러면서 이후 흑인 페미니즘의 비전과 방향을 예시한다. 이 선언문은 급진적 페미니즘이 표방한 정체성 정치를 흑인 여성의 관점과 입장에서 담론화한 문서로 평가받는다.

콤바히강 공동체는 "인종 억압, 성 억압, 이성애중심주의, 계급 억압에 대항하는 투쟁에 전념하며, 주요 억압 체계들이 서로 맞물려 작동한다는 사실에 기반한 통합적 분석과 실천을 진전시키는 것을 흑인 페미니스트들의 특수한 과제"로 천명한다(Combahee River Collective, 2016: 147). 선언문의 첫 문단에 제시된 이 문장은 이 선언문이 흑인 페미니즘을 급진화하는 지점과 방식을 보여 준다. 선언문에 따르면 흑인 여성이 경험하는 억압적 현실은 인종, 젠더, 계급, 섹슈얼리티가 서로 관련된 다층적 현실이며

이 억압들은 이성애중심주의라는 고리로 연결된다.

흑인 여성을 미국 자본주의 경제의 밑바닥에 묶어 놓는 억압에 맞서 싸우기 위한 효과적 도구는 인종차별과 성차별 둘 다를 철폐하는 투쟁이다. 반인종차별 투쟁과 반성차별 투쟁의 결합은 "이성애중심주의와 자본주의의 경제적 억압"을 연결해서 다루어야 좀 더 통합적이고 효과적인 페미니즘 정치를 이룰 수 있음을 시사한다(Combahee River Collective, 2016: 151). 미국 자본주의는 인종차별과 성차별을 통해 흑인 여성에 대한 노동 착취를 은폐한다. 아울러 인종화하고 젠더화한 노동 착취에 기반한다. 이성애중심주의는 섹슈얼리티 규율을 통해 인종차별적·성차별적 자본주의의 생산관계를 재생산하는 기제다.

이 선언문이 제시하는 흑인 페미니즘은 인종, 젠더, 계급, 섹슈얼리티 차별이 서로 맞물려 작동하는 동시성에 주목한다. 이로써 현실을 분석하고 흑인 여성이 경험하는 억압적 현실을 변화시키려는 투쟁에 전념한다. 투쟁은 미국 사회가 부여한 부정적 흑인여성상에 맞서는 것에서 출발한다. 즉 "흑인 여성의 해방이 다른 이들의 해방의 부속품이 아니라 자율적 인간의 욕구로서 필수적인 것임"을 공표하는 데서 출발한다(Combahee River Collective, 2016: 152). 흑인 여성에 대한 긍정은 흑인 여성을 가장 열등한 존재로 폄하해 성폭력과 성적 대상화의 손쉬운 표적으로 여겨 온 미국 특유의 억압 구조에 맞서는 저항의 출발점이다. 이것이 바로 "우리[흑인 여성]가 겪는 억압에 초점을 맞춘 … 정체성 정치다. 우리는 가장 심오하며 어쩌면 가장 급진적인 정치학이 바로 우리 정체성에서 나온다고 믿는다. 이것은 다른 누군가가 받는 억압을 없애려 할 때 나오는 것이 아니다"(Combahee River Collective, 2016: 153).

인종차별이 철폐된다고 하더라도 성차별이 철폐되지 않는다면 흑인 여성은 온전히 해방되지 않는다. "흑인 페미니즘 선언문"에서 콤바히강 공동체가 여러 억압의 동시성과 교차성을 강조한 이유다. 교차성 관점은 흑인 여성들이 노예제 시절부터 일상에서 경험적으로 체득한 관점이다. 여러 억압 구조 사이에 위계를 설정한 변혁 이론과 운동에 저항하면서 나온 관점이기도 하다.

> 우리는 가부장제 아래의 성정치가 계급정치와 인종정치만큼이나 흑인 여성의 삶에 널리 퍼져 있다고 믿는다. 우리는 또한 성적 억압에서 인종 억압과 계급 억압을 떼어 내기 어렵다는 것을 알았다. 이 모든 억압은 우리 삶에 동시에 들이닥치기 때문이다. 우리는 단지 인종으로만 차별하거나 성별로만 차별하는 것이 아니라 인종차별적이면서도 성차별적인 억압

> 이 있다는 것, 백인 남성에 의한 흑인 여성 강간이 정치적 억압의 무기로 활용되었던 역사가 있다는 것을 안다.… 우리는 모든 억압받는 이가 해방되려면 가부장제뿐 아니라 자본주의와 제국주의의 정치·경제 시스템이 파괴되어야 한다는 것을 안다.… 우리는 페미니즘적 혁명과 반인종차별 혁명이 아닌, 사회주의 혁명만으로 우리가 해방될 것이라 믿지 않는다.(Combahee River Collective, 2016: 153-154)

이 선언문은 인종, 계급, 젠더, 섹슈얼리티를 지배 체계로 다룬다. 흑인 여성의 경험은 오직 인종에 의해서만 구성되는 것이 아니라 젠더, 계급, 섹슈얼리티, 나이, 시민권, 종교, 장애 유무 등에 의해 복잡하게 구성된다. 이 항목들은 (개인의 속성이 아니라) 개인을 훈육하고 규율하며 개인의 것으로 여겨지는 독특한 정체성을 구성하는 지배 체계다. 그래서 노동시장에서 주변화한 흑인 여성의 다층적 계급 입장을 설명하는 이론은 인종과 젠더가 계급 구조에 중요한 결정항이라고 분석한다. 또한 흑인 레즈비언 여성이 경험하는 모든 억압을 연결하는 분석을 제시한다.

콤바히강 공동체는 인종 억압, 성 억압, 계급 억압에 맞서는 투쟁에 헌신하며 다양한 흑인 페미니즘 프로젝트를 실행했다. 유색 여성들을 고용하는 공장에서 노조를 조직하는 데 참여했고, 유색 인종에 대한 의료 행위를 축소하려는 병원 앞에서 시위를 벌였다. 흑인 공동체에 강간 위기 방지 센터를 설립했고, 보육원을 확대하기 위한 활동을 전개했다.

"흑인 페미니즘 선언문"은 콤바히강 공동체가 강제 불임 수술, 임신 중단 결정권, 가정 폭력 문제, 강간 예방, 여성 운동 내부의 인종차별을 주요 이슈로 다룬다고 기록한다. 아울러 흑인 페미니즘 사상이 미국 사회의 근본적 모순에 대한 정치적 반응으로 형성되고 발전했다고 기록한다. 레즈비언이 흑인 페미니즘 정치에 기여한 바를 분명히 기록하고, 정체성 정치뿐 아니라 섹슈얼리티에 주목하는 정치가 필요하다고 강조한다.

참고문헌

박미선(2014). “여성주의 좌파이론을 향해서: 흑인 페미니즘 사상과 교차성 이론”. ≪진보평론≫, 59, 105-125쪽.

Collins, P.(1991). *Black Feminist Thought.* 주해연·박미선 옮김(2009). ≪흑인 페미니즘 사상≫. 여이연.

Combahee River Collective(1977). Black Feminist Statement. 한우리 기획(2016). ≪페미니즘 선언≫. 현실문화.

Davis, A.(1981). *Women, Race & Class.* Random House. 황성원 옮김(2022). ≪여성, 인종, 계급≫. 아르떼.

de Veaux, A.(2004). *Warrior Poet: A Biography of Audre Lorde.* Norton.

Nash, J. C.(2013). Practicing Love: Black Feminism, Love-Politics, and Post-Intersectionality. *Meridians: Feminism, Race, Transnationalism, 11*(2), pp. 1-24.

03

흑인 페미니즘의 존재론

페미니즘의 존재론은 여성을 삶과 역사의 주체로 인식하고 여성임을 긍정한다. 흑인 페미니즘은 자기정의에서 출발한다. 흑인 여성의 자기정의는 흑인 여성성 규범을 해체한다. 로드의 흑인 페미니즘은 나를 구성하는 다양한 부분들을 온전히 긍정하고, 억압으로 인한 고통을 삶과 앎의 원천으로 바꾸며, 여성들 간 다양한 차이를 인식하고 긍정하는 존재론을 제시한다.

자기정의의 힘

≪시스터 아웃사이더≫에 실린 "시는 사치가 아니다", "침묵을 언어와 행동으로 바꾼다는 것(The Transformation of Silence into Language and Action)", "성애의 활용: 성애의 힘에 대하여(Uses of the Erotic: The Erotic as Power)"는 로드의 존재론을 명확히 표현한 글이다. 로드의 존재론은 우리를 괴롭히는 고통을 삶과 앎의 원천으로, 변화의 에너지로 바꾸는 생존의 이야기이자 차이에 대한 이론이다. 내 안의 다양한 부분들과 우리 사이의 다양한 차이들을 온전히 긍정하고, 차이를 페미니즘의 정치적 힘으로 활용하는 이론이다.

온전한 삶을 향한 비전, 그러한 삶을 가능케 하는 자기 변화와 사회 변화는 내 안의, 우리 사이의 차이를 긍정하는 데서 비롯한다. 로드에 따르면 이는 흑인임, 여성임, 레즈비언임과 관련된다. "미국이라 불리는 이 괴물의 입속에서 살아남기 위해, 우리는 가장 중요한 교훈을 터득해야 했습니다. 바로 우리가 인간으로서 살아가는 것은 결코 그들의 계획 속에는 없는 일이라는 교훈입니다."(Lorde, 2018: 50) 성차별, 인종차별, 동성애 혐오, 계급차별, 나이차별 등은 지배적 규범을 기준으로 사람들 사이 여러 차이를 위계화해 차별하고 억압하는 방식이다. 이런 권력 체계에서 나의 다양한 부분들 그리고 우리 사이 차이들과 함께 존재하는 방법을 배우고 나누는 것은 생존과 직결된다.

로드에게 말하기와 글쓰기는 생존의 이야기를 나누는 일이다. 생존은 자신의 다층적 정체성을 긍정하는 일과 직결된다. 흑인 페미니스트이자 백인 여성과 결혼해 딸과 아들을 기르는 레즈비언 엄마였던 로드는 어디를 가든 자신의 일부를 부인하거나 무시하도록 요구받았다. 로드는 그러한 요구에 항상 이렇게 대응했다. "우리가 우리 스스로를 정의하지 않는다면 다른 사람들이 제멋대로, 자신들에게는 유리하지만 우리에게는 해가 되는 방식으로 우리를 정의"할 것이다(Lorde, 2018: 55-56).

자기정의(self-definition)는 흑인 페미니즘의 출발점이다. 예컨대 노예제 철폐 흑인 해방 활동가 소저너 트루스는 1851년 여성인권대회에서 "나는 여자가 아닙니까?"라고 되물으며 당시 여성성의 기준을 해체했다. 트루스는 노동하는 힘센 흑인 여성을 규범에 끼워 맞추려 하지 않았다. 이로써 여성다움의 규범이 매우 협소할 뿐 아니라 인종차별, 계급차별, 흑인 여성에 대한 성적 착취와 직결된다는 점을 드러냈다.

스스로를 (지배자의 언어가 아니라) 자기 자신의 언어

로 규정하는 자기정의는 침묵하기를 거부하는 행위다. 참여자 대부분이 백인 여성이었던 공적 행사에서 트루스가 흑인 해방 활동가로서 연설한 것처럼 말이다. 로드는 "시는 사치가 아니다", "침묵을 언어와 행동으로 바꾼다는 것", "성애의 활용"에서 자기정의가 미국 레즈비언 흑인 여성에게 강요된 침묵을 깨는 행위라고 기록한다. "이제껏 내가 가장 후회한 것은 바로 내가 침묵했던 순간들이었다.… 내 침묵은 나를 보호해 준 적이 없다."(Lorde, 2018: 47-48) 로드가 침묵을 깨는 이유는 자신을 이루는 여러 요소 중 어느 하나라도 잠시나마 부인하기를 거부하기 때문이다. 침묵은 우리로 하여금 무지에 머무르라고 종용하지만 무지는 우리를 보호해 주지 않는다. 자기정의란 주체적 자기인식이다.

"침묵을 언어와 행동으로 바꾼다는 것"

로드는 자신의 삶을 다음과 같이 설명한다.

> 백인 여성과 결혼한 흑인 레즈비언 엄마였던 나는 항상 세간의 상식을 거스르는 불편한 존재였다. 이를 통해 나는 내가

> 누구인지 스스로 정의하지 않으면 나에 대한 다른 사람들의 환상에 산 채로 잡아먹히게 될 것임을 알게 됐다. 내가 다른 사람들의 규범에 부합하는 척하지 않으면 나의 시, 나의 삶과 일, 나의 투쟁 에너지는 받아들여지지 않았다. 나는 이런 게임에서 성공할 수 없을뿐더러, 이런 가면 놀음에 에너지를 쓰다가는 내 일을 할 수 없게 될 것임을 깨달았다. 그리고 키워야 할 아이들이 있었고, 가르쳐야 할 학생들도 있었다.… 우리에게 필요한 것은 순응이 아니라 우리의 힘을 결합하는 일이었다.(Lorde, 2018: 242)

인종 경계를 넘고 섹슈얼리티 규범을 벗어나는 사람은 "세간의 상식을 거스르는" 사람이기에 "불편한" 존재다. 그는 다른 사람들의 편안함을 위해 "규범에 부합하는 척" 하도록 요구받는다. 자기 자신이 아닌 다른 사람을 연기하라고 요구받는 것이다. 이런 "가면 놀음"은 자신을 부정하는 것이다. 지속적 자기부정은 스스로를 "다른 사람들의 환상에 산 채로 잡아먹히게" 내버려두는 것이다. 그래서 스스로를 정의하는 것은 생존의 문제다.

자기정의와 자기표현은 우리 자신의 어떤 모습을 부정하는 사회적 기대와 규범에 맞서는 저항의 행위다. 그 과정은 모든 이가 소수자에게 쉽사리 들이대는 편견과 백인남성중심적·이성애중심적 사회 규범에 순응하는 "가면 놀음"을 거부하는 행동을 수반한다. 이런 행동은 레즈비언 흑인 여성을 열등한 존재로 규정하는 권력의 역할도 드러낸다. 젠더와 인종 혹은 인종과 계급 사이 억압의 위계를 전제하며 하나만 선택하라고 강요하는 상황에서 로드는 자신을 온전한 존재로 긍정하고 온전한 삶을 살려 분투한다. 이는 생존의 방법을 나누는 공동체적 실천이다.

"신화적 규범"에 맞서

로드의 존재론에서 여성의 의식을 구성하는 필수 요소는 자기표현과 자기정의, 그에 기반한 내면 탐구다. 자기정의의 힘은 침묵을 강요하는 억압적 상황에 대응하는 언어와 행동으로 이어진다.

> 나는 나의 정체성을 구성하는 서로 다른 수많은 요소들을 긍정하는 흑인 레즈비언 페미니스트이며, 인종적·성적 억압으로부터 벗어나기 위한 투쟁에 헌신해 온 여성이다. 이런 내게 사람들은 나의 어느 한 측면만 골라 그것을 유의미한 전체로 제시하라고, 즉 내 자신의 다른 부분들은 가리거나 부

정하라고 계속 부추긴다. 하지만 이것이야말로 삶을 파괴하고 파편화하는 짓이다. 에너지를 최대한 끌어모으려면 현재의 나를 이루는 모든 부분을 (공개적으로) 통합하고, 나를 살아가게 하는 특정 요소에서 나오는 힘을 내 안의 서로 다른 자아들 속에 자유롭게 흘러 다니도록 해야 하며, 외부에서 부과하는 규정의 제약으로부터 자유로워져야 한다. 이렇게 할 때라야 나는 온전한 존재로서 나 자신과 내 에너지를 내 삶의 일부를 이루는 투쟁에 바칠 수 있다.(Lorde, 2018: 204-205)

미국에서는 "백인에, 날씬하고, 남성적이며, 젊고, 이성애적이고, 경제적으로 안정적인" 상태가 규범으로 간주된다(Lorde, 2018: 196). 로드는 이를 "신화적 규범(mythical norm)"이라 부른다. 신화적 규범은 지배 집단에 유리하게 만들어진 기준이다. "신화적"이라는 말은 진실이 아니지만 그런 것처럼 만들어졌음을 뜻한다. 즉 정상/비정상(혹은 일탈)을 가르는 본질적 기준은 존재하지 않는다. 규범은 정치적 힘에 의해 사회적으로 결정된다. 지배적 규범에 따라 소수집단과 소수자는 자신들의 소수성을 부인하도록 때로 노골적으로 때로 은근하게 강요받는다.

예컨대 페미니스트 공동체는 페미니스트임을 강조하되 레즈비언임에 대해서는 침묵하라고 이야기한다. 로드 당대의 레즈비언 공동체는 레즈비언임을 중시하되 흑인임은 무시하라고 요구했다. 이런 부분적 인정과 부정, 자기 부인은 존재를 부정하고 삶의 에너지를 소모한다.

로드는 흑인 레즈비언이자 두 자녀를 기르는 어머니, 학생들을 가르치는 교수인 자기 자신에게서 스스로를 명확하게 표현할 힘을 찾아낸다. 바로 이 힘에 기반해 로드는 계급, 인종, 젠더, 섹슈얼리티, 나이 등의 억압 체계가 서로를 강화하며 작동한다는 교차성 관점을 이론화할 수 있었다. 로드는 당대 사회 운동의 한계도 직설적으로 언급한다. “단 하나의 쟁점을 이슈로 삼는 투쟁이란 있을 수 없다. 우리는 쟁점이 하나뿐인 삶을 살지 않기 때문이다.… 우리는 흑인에 대한 어떠한 공격도, 여성에 대한 어떠한 공격도 우리 모두에 대한 공격임을 인식할 수 있도록 우리 스스로를 교육해야 한다.”(Lorde, 2018: 244)

참고문헌

박주영(2024). "억압의 교차성: 오드리 로드의 감정의 정치학". ≪영미문학페미니즘≫, 32(1), 61-101쪽.

Collins, P.(1991). *Black Feminist Thought.* 주해연·박미선 옮김(2009). ≪흑인 페미니즘 사상≫. 여이연.

Lorde, A.(1984). *Sister Outsider.* Crossing Press. 주해연·박미선 옮김(2018). ≪시스터 아웃사이더≫. 후마니타스.

04
깊은 감정의 힘, 성애와 시학

성애와 시학은 로드의 존재론의 핵심이다. 로드는 성애가 여성임을 긍정하는 데 가장 강력한 원천이라고 주장하며, 감정에서 나온 지식이 진실된 지식임을 보여 준다. 성애는 감정이 지닌 가장 깊은 힘이다. 따라서 특정 방식으로만 표출되도록 억압된다. 성애를 그 원천에서부터 내 것으로 되찾아 오는 과정은 내 존재의 가장 심층적인 면까지 알아 가는 과정이다. 시는 가장 억눌린 곳에서 나오는 깊은 자기이해의 과정을 공적으로 나누는 말하기와 글쓰기다.

감정이 지닌 가장 깊은 힘, 성애

로드의 존재론은 성애를 여성임의 강력한 원천이자 여성이 지닌 힘으로 이론화한다. 로드는 성애를 섹스에만 국한하는 섹슈얼리티 규율에 맞서 성애를 재정의한다.

> 성애는 우리 안의 깊숙한 곳, 여성적이고 영적인 차원에 위치한 자원으로, 우리가 미처 표현하지 못한 감정 혹은 미처 인식하지 못한 감정의 힘에 굳게 뿌리내리고 있다. 억압을 지속하려면 억압받는 자들의 문화 내에 존재하는 (변화의 에너지를 공급할) 다양한 힘의 원천들을 타락시키거나 왜곡해야만 한다. 이는 여성에게 우리 삶의 힘이자 앎의 원천인 성애의 억압을 의미한다.(Lorde, 2018: 69)

가장 깊은 감정의 힘을 마비시키는 것이 지배가 완성되는 지점이다. 지배는 지식 생산 수단을 점유하고 피억압 집단이 지닌 "다양한 힘의 원천들"을 부패시켜야만 유지된다. 성애가 억압 체계에 합병되어 흑인 여성들이 깊은 감정을 느끼지 못하도록 사회화될 때 비로소 미국의 억압 체계가 제대로 작동할 수 있다. 여성의 힘이 남성을 향해서만 쓰이게 하려면 성애의 억압은 필수적이다. 성애가 억압되는 이유는 여성에게 성애가 "삶의 힘이자 앎의 원천"이기 때문이다.

이런 힘인 성애는 우리 자신의 깊은 감정을 면밀히 다룰 때 되찾을 수 있다. 우리는 억압받지만 억압에 저항하기도 한다. 우리는 그 상황을 변화시키는 힘을 지닌다. 성애를 내 것으로 되찾아 오는 과정은 내 존재의 심층적인 면까지 알아 가는 과정이다.

성애는 여성의 마음속에 깊숙이 숨겨진 힘이다. 남성을 위해 쓰이지 않는 여성의 힘과 앎은 위험하다. 지배 규범에 맞게 규율되지 않는 힘이기 때문에 위협적인 것으로 간주된다. 이 힘은 공적으로 표출되지 못하도록 억압되어 마음 깊은 곳에 숨겨진다. 때로 이 힘은 감정으로 존재의 흔적을 드러낸다.

로드는 성애를 감정이 지닌 가장 깊은 힘으로 재정의한다. 성애는 "우리 안의 가장 깊숙한 곳에서 흘러나오는" "진실한 감정"이다. 성애는 깊은 감정이 주는 충만함의 경험이며, "우리 자신의 삶과 일에서 최선의 것을 요구"하고 체험하는 것이며, 우리가 일을 하는 동안 "충일하게 깨어 있기"를 추구하는 "의식적 결정"이다(Lorde, 2018: 70-71). 이렇듯 성애는 성적 만족감 그리고 친밀한 관계나 대인 관계에만 국한되지 않는다. 성애는 우리의 노동과 일상에서 체험할 수 있는 깊은 성취감이다.

깨어 있는 삶, 충일한 삶을 추구하는 "의식적 결정"으로서 성애는 일상과 삶의 모든 영역에서 우리가 활용할 수 있는 힘이다. "성애는 여성의 생명력(우리의 언어, 역사, 춤, 사랑, 일과 삶 속에서 우리가 지금 복구하고 있는 창조적 에너지)을 행사하는 것이다."(Lorde, 2018: 73)

성애의 활용

성애는 심층적 자기인식과 자기 변화가 일어나는 곳이다. 일단 성애를 자기 자신의 감정을 긍정하는 체험으로 인식하게 되면, 그 체험은 우리 내면의 깊은 힘을 깨닫게 해 준다. 이런 인식은 삶의 모든 측면에 대한 재검토로 확장된다.

> 우리 내면 깊숙이 존재하는 감정들을 인식하게 되면 고통과 자기부정 그리고 우리 사회에서 그런 것들의 유일한 대안으로 보이는 무감각 상태에 더 이상 만족할 수 없게 된다.… 성애와 깊이 연결될 때 나는 무력감이나 체념, 절망, 자기비하, 우울, 자기부정처럼 내 것이 아니라 외부에서 내게 부과한 상태를 더 이상 받아들이지 않게 된다.(Lorde, 2018: 77-78)

이렇게 성애의 힘을 느끼고 인식하면 고통과 자기부정, 무기력과 무감각 상태가 사회적 규범과 기대에 순응했기 때문에 느껴지는 감정일 수 있다는 점을 깨닫게 된다. 이때 성애는 다시 우리의 생존에 필수적인 "힘과 지식의 원천"이 된다. 또한 성애는 심리적인 것과 정서적인 것, 영성과 정치를 연결하는 다리로도 기능할 수 있다.

로드의 성애 개념은 레즈비언 섹슈얼리티에서 나왔다. 로드는 버크셔여성사학술대회에서 "성애의 활용"을 발표했다. 이때 여성의 역사를 연구하는 것은 여성들이 지닌 힘을 연구하는 것이고, 그 힘의 가장 깊은 원천은 성애라고 주장했다. 이는 당시 학술 연구 전반은 물론 여성사 연구에도 매우 급진적인 주장이었다.

로드의 지식 생산이 띠는 급진성은 그의 아웃사이더 위치에서 비롯한다. 로드는 제1회 '유색 인종 게이와 레즈비언 전국대회'(1979)에서 기조연설을 했다. 여기서 게이와 레즈비언은 미국 사회와 흑인 공동체에서 "가장 멸시받고 가장 억압되고 가장 혐오되는" 존재며, 이런 사회적 비가시화는 단순한 허위의식이나 내면화된 억압보다 더 복잡한 문제라고 지적한다(Lorde, 2018: 191). 레즈비언과 게이를 가장 멸시받는 집단으로서 통제하는 사회적 무시는 우리 내면 깊숙이 있는 지식을 추구하고 신뢰해야 멈출 수 있다.

레즈비언 흑인 여성으로서 로드는 "내면 깊숙이 있는 감정"을 언어화하고 지식으로 만들어, 퀴어 주체에 대한 사회적 인정을 촉구하는 이론적·정치적 공간을 조성한다. 로드의 시학은 이런 공간을 만들어 내기 위한 방법이자 작업이다.

"시는 사치가 아니다"

로드의 존재론의 내용적 핵심이 성애라면 방법론적 핵심은 시학이다. 로드에게 시란 자기이해의 과정을 공적으로 나누는 일이다. 로드의 시학에서 언어는 "우리 안에 존재하는 오래된, 그동안 잊고 있던 아이디어들, 새로운 조합들, 추론과 깨달음"과 "우리의 꿈이 나타내는 이단적 행동을 시도해 보라고 계속해서 스스로에게 그리고 서로에게 용기를" 주는 방향으로 사용된다(Lorde, 2018: 43). 로드는 삶을 해결해야 할 문제가 아니라 "서로 소통하고 경험하는 것"(Lorde, 2018: 42)으로 바라보기 때문이다.

시는 우리가 우리 내면 깊숙이 숨겨진 힘을 찾아 감정과 내면을 들여다볼 때 사용하는 빛이고, 내가 느끼는 감정에 주의를 기울이는 훈련이며, 감정에서 나온 자기이해를 언어화해 타인과 나누는 것이다. 시는 우리의 느낌과 경험에, "그 시가 있기 전까지는 이름도 형식도 없이 미처 태어나지 못한 채 느낌으로만 존재하던 아이디어에 이름을 부여" 하는 행위다(Lorde, 2018: 39).

로드에게 시는 우리가 느끼는 감정, 두려움, 고통에 빛을 비추어 그것들을 이해하고 언어화하는 작업이다. 시는 (사회의 시선과 타인의 기대가 아니라) 우리 자신의 느낌과 경험에 기반해 우리 삶을 내면 깊숙이까지 성찰하는 과정을 인도하는 빛이다. 시는 마음을 속속들이 면밀히 성찰하는 과정을 거쳐 나온 우리의 진실된 감정과 상태를 언어로 표현한 것이다.

시는 고통스러운 혹은 억눌린 감정을 명명하고 이해하는 과정을 거쳐 나오는 언어다. 시는 언어화한 성찰이다. 언어화한다는 것은 사회적으로 공유됨을 뜻한다. 사회적으로 공유될 때 시는 우리가 느꼈지만 인식하지 못한 것들을 명명해 생각할 수 있도록 해 준다.

> [그러므로 시는] 새로운 것을 일깨워 주는 경험의 정수다. 따라서 우리 여성들에게 시는 사치가 아니다. 시가 만들어 내는 그 빛으로 우리는 생존과 변화에 대한 우리의 꿈과 희망을 확인하고 무엇보다 그것을 언어로, 아이디어로, 그리하여 좀 더

> 구체적인 행동으로 만들 수 있다. 시는 이름 없는 것들에 이름을 부여해 우리가 그것을 사유할 수 있게 한다.(Lorde, 2018: 41)

시는 우리의 감정과 경험을 존중함으로써 나오는 인식이고, 우리의 자기이해를 타인과 공유할 수 있도록 공적으로 표현한 것이다. 우리의 느낌은 "우리가 마음속 깊이 믿고 아는 진실"을 담고 있다. 감정에서 나오는 자기이해는 진실된 것이다. 우리의 표현 속에는 우리의 꿈과 희망이 담겨 있다. 시는 언어를 통해 꿈과 희망을 구체적 행동으로 만들어 가는 일이다. 그래서 "시는 사치가 아니다". 시는 우리가 느끼고 이해하고 함께 살아가는 데 꼭 필요한 것이다.

급진적 인식론: "나는 느낀다, 그러므로 자유롭다"

로드는 감정에서 나온 지식을 진실된 지식으로 인정한다. 즉 이성에 바탕을 둔 기존 인식론이 설명할 수 없는 지식을 생산한다. 우리가 느끼는 것에서 세상과 삶에 대한 지식을 생산하는 작업은 감정을 배척하는 데 기반한 인식론이 주장해 온 보편성을 심문한다.

로드의 시학은 감정에 집중한다. 이해된 감정과 고통은 삶의 에너지로 쓰일 수 있기 때문이다. 진실처럼 감정도 억누를수록 더 큰 힘을 지니게 된다. 시는 이 힘을 되찾아 오는 작업이다. 감정이 억눌린 만큼 우리는 그것의 힘을 사용하지 못하고 압도당한다. 우리가 미처 표현하거나 인식하지 못해도 우리의 느낌은 "우리가 마음속 깊이 믿고 아는 진실"을 담고 있다. 이해된 감정에서 나오는 자기이해야말로 진실된 것이다. "시는 우리 안에 함축되어 있는 것들, 즉 우리가 마음속 깊이 느끼는 것, 감히 현실화하려는 것(혹은 행동으로 옮기려는 것), 우리의 두려움, 희망, 가장 큰 공포를 표현해 줄 수 있다."(Lorde, 2018: 44)

우리의 존재, 앎, 삶에 대한 새로운 비전은 우리가 가장 두려워하는 것에 대한 침묵을 깰 때 나온다. 우리 자신의 가장 어두운 부분, 우리가 가장 깊이 상처받곤 하는 취약한 부분, 그리하여 우리가 가장 두려워하는 모습을 바로 그 가장 깊은 마음속에서부터 긍정하는 것. 그것이 생존의 방법이다. 우리 스스로 가장 강하게 억눌러 온 곳에 우리 존재의 진실이 있다. 새로운 앎과 삶의 비전도 그곳에 숨겨져 있다.

로드는 서구 철학에서 유구한 사상/감정의 위계적 이분법에 맞서 감정이 진실한 지식과 지속 가능한 행동을 낳는 힘의 원천이라고 주장한다. 백인 아버지들은 "나는 생각한다, 그러므로 존재한다"고 가르쳤다. 로드는 "나는 느낀다, 그러므로 자유롭다"고 선언한다(Lorde, 2018: 43). 이 선언은 여성성과 연결되는 것인 감정을 사유의 지배에서 해방해 자유의 영역으로 구축한다. 느낌을 자유로운 존재의 토대로 삼는다면, 의식과 사유를 존재의 토대로 삼은 백인 아버지들과는 다른 언어로 우리의 존재를 긍정하고 사유할 수 있다.

인식론은 지식 생산의 방법과 절차, 생산된 지식의 인증과 인증 절차를 묻고 따진다. 로드의 존재론은 감정을, 흑인 레즈비언 여성의 느낌과 경험을 지식 생산의 원천으로 인정하는 급진적 인식론을 제시한다. 흑인 여성의 느낌과 경험에서 인간, 삶, 세상에 대한 진실된 지식을 생산한다. 이렇게 생산된 지식은 생존의 이야기로 공유되면서 진실된 지식으로 인증되는 역사도 담고 있다. 로드가 보여 주듯 소수집단에게 존재론은 곧 인식론이기도 하다.

로드의 존재론은 "나는 느낀다, 그러므로 자유롭다"로 요약된다. 이 언명은 혁명적 요구다. 자유로운 존재의 토대를 세우겠다는 것은 개인적 차원에 국한되지 않기 때문이다. 로드는 레즈비언 흑인 여성으로서 자신의 힘은 억압된 마음속에 숨겨져 있다고 말한다. 이 억압된 감정을 정직하게 들여다보는 것은 "가장 급진적이고 대담한 아이디어들"을 탄생시킬 수 있는 혁명적 행위다(Lorde, 2018: 41).

참고문헌

Collins, P.(1991). *Black Feminist Thought.* 주해연·박미선 옮김(2009). ≪흑인 페미니즘 사상≫. 여이연.

Gill, L. K.(2014). In the Realm of Our Lorde: Eros and the Poet Philosopher. *Feminist Studies, 40*(1), pp. 169-189.

Hall, J. W.(ed.)(2004). *Conversations with Audre Lorde.* University Press of Mississippi.

Lorde, A.(1984). *Sister Outsider.* Crossing Press. 주해연·박미선 옮김(2018). ≪시스터 아웃사이더≫. 후마니타스.

05
레즈비언 모성과 퀴어 가족

로드에게 모성은 동성애혐오적·백인중심적 억압과 차별에 맞서 모두가 살 만한 미래를 만들어 가는 일이다. 로드는 퀴어 비전을 전 지구적 관점으로 확장해 미국의 유색 인종 퀴어가 미국의 시민으로서 져야 할 국제적 책임을 강조한다. 이성애중심주의와 동성애 혐오에 맞서는 투쟁은 인종차별, 성차별, 노동계급차별, 외국인 혐오에 맞서는 투쟁과 연결된다.

퀴어 가족

로드의 가족은 퀴어하다. 레즈비언인 로드는 백인 게이 남성과 결혼해 딸과 아들을 낳아 길렀다. 로드 부부는 서로의 성적 지향과 정체성을 인정하며 결혼했다. 현재와 같은 재생산 의료 테크놀로지와 서비스가 없던 시절, 모성은 레즈비언과는 거리가 멀었다. 로드 부부는 재생산 신체 시간이 저물기 전에 아이를 낳고자 하는 소망에 동의하고 1962년에 결혼했다. 이들의 결혼 생활에는 동성애 혐오가 만연한 미국 사회에서 레즈비언 여성과 게이 남성으로 살아가는 서로에 대한 정서적 유대감도 있었다. 로드는 남편과 이혼한 후 1968년부터 레즈비언 백인 여성 프랜시스 클레이턴(Frances Clayton)과 레즈비언 커플로 살면서 두 아이를 함께 길렀다.

로드는 클레이턴과의 결합에 늘 "결혼"이라는 용어를 사용한다. 이는 레즈비언들이 스스로의 선택으로 구성한 퀴어 가정의 사회적 존재를 인정하는 한 단어의 정치다.

인종 경계를 넘어 결혼한 두 여성, 흑인 딸과 아들로 이루어진 이 퀴어 가족은 로드 삶의 중요한 부분이다. 퀴어 가족은 기존 질서와 규범에 도전하는 존재다. 그런 만큼 비정상적 가족으로 간주된다. 이성애 제도를 통하지 않고 구성된 가족이기 때문이다.

가부장제가 가장 두려워하는 여성은 남성으로부터 성적으로 독립한 여성이다. 여성의 성적 독립은 남성들에게서 여성을 통해 남성다움을 확인할 방법을 박탈할 뿐 아니라 가부장적 사회 구조의 재생산을 방해한다. 여성을 성적으로 사랑하는 레즈비언은 남성을 성적으로 요하지 않는 여성이다. 여성의 경제적 독립과 자유는 자본주의 사회에서 남성들에게 도움이 될 수 있지만, 여성의 성적 자유는 사회 질서를 위협하기에 특정 방향으로 제한·규율되어야 한다. 레즈비언들의 결합과 퀴어 가족이 비정상적 일탈로 배척당하는 것은 사회 재생산이 이성애중심적 구조와 규율에 기초함을 보여 준다. 동성애를 비정상적 섹슈얼리티, 규범에 대한 일탈로 폄훼해야만 이성애는 자연스럽고 정상적인 것이 된다.

로드와 클레이턴의 결혼은 미국의 인종 위계에도 도전한다. 이들은 "인종이 다른 레즈비언 커플로 10년을 살아오면서, 억압의 본질과 해결책에 지나치게 단순화된 방식으로 접근하는 것이 얼마나 위험한 일인지" 경험으로 배웠다(Lorde, 2018: 113). 아이들이 학교에 다닐 때 학부모 모임에 백인 엄마인 클레이턴이 참석했다. 이는 흑인 아동의 부모가 흑인일 것이라는 통념을 깨는 행위였다. 클레이턴이 자신이 흑인인 엘리자베스와 조너선의 엄마라고 밝혔을 때 다른 부모들이 보였을 첫 반응을 상상해 보라.

≪시스터 아웃사이더≫에 실린 "남자아이: 흑인 레즈비언 페미니스트의 응답(Man Child: A Black Lesbian Feminist's Response)"과 ≪나는 당신의 자매입니다≫에 실린 "다른 방향에서 바라보기: 레즈비언 엄마의 자녀 양육 1986(Turning the Beat Around: Lesbian Parenting 1986)"은 로드가 자녀 양육 경험을 직접적으로 나눈 글이다. 로드는 흑인 퀴어 페미니스트 엄마로서 말한다. "자녀를 양육하는 모성에 대해 이야기할 때, 나는 백인중심적·인종차별적·동성애혐오적 미국에서 레즈비언이자 흑인 아프리카계·카리브계 미국인 여성으로서 입장을 분명히 밝히는 나의 뚜렷한 의식에서 나온 진실함으로 모성에 대해 말한다."(Lorde, 2011: 75)

로드는 모성 경험을 나누면서 아이들이 사회적 폭력을 다루는 법을 배우는 과정에 초점을 맞춘다. "인간을 이성애자와 백인으로만 정의하는 나라에서" 흑인과 퀴어인 사람들에 대한 폭력이 일상적이기 때문이다(Lorde, 2011: 73).

로드에게 "자녀 양육은 미래와 사회 변화에 참여하는 한 가지 방식이다"(Lorde, 2011: 75). 즉 인종차별, 동성애 혐오, 성차별에 맞서 더 나은 미래를 만들어 가는 노동이다.

"아들이든 딸이든 흑인 아이들을 인종차별적이고 성차별적인, 그리하여 자멸로 치닫고 있는 이 괴물의 입속에서 키운다는 것은 위험천만한 일이다."(Lorde, 2018: 106) 그래서 자녀 양육이란 지속 가능한 미래에 대한 비전을 갖고 자녀들이 살기를 원하는 세상을 지금 여기에서 만들어 가는 책임을 오늘도 지는 일이다. "그러지 않는다면 우리는 주인의 유감스러운 드라마에 새로운 노예 역할을 할 연기자들을 양육하게 될 뿐이다."(Lorde, 2011: 75)

레즈비언 엄마의 자녀 양육

레즈비언 페미니즘 문예지에 실린 "남자아이"는 레즈비언 페미니스트 공동체의 분리주의적 방침에 대한 로드의 응답이다. 이 글에서 로드는 아들을 기르는 엄마로서 겪은 경험과 사유를 나눈다.

"남자아이"를 쓰기 전 같은 해 여름에 로드 커플은 레즈비언 페미니스트 모임에 참여할 계획이었다. 모임이 개최되기 전 주최 측은 열 살 이상의 남아는 참석할 수 없다고 공지했다. 이 방침으로 인해 로드 커플은 이 모임에 참석하지 못했다. 흑인 아동에 대한 폭력이 난무하는 뉴욕에 아들을 혼자 둘 수는 없었다. 로드도 여성들만의 모임, 여성중심적 환경이 여성들의 성장에 중요하다는 점을 잘 안다. 그러나 분리주의는 여성들로만 이루어진 공간을 만드는 데서 끝나는 간단한 문제가 아니다. 분리주의는 여성들의 이름 아래 기준에 맞지 않는 이들을 배척한다. 로드가 항의한 단체의 분리주의는 흑인에 대한 폭력 문제도 외면했다.

여성 공간을 최대화하려는 레즈비언 페미니스트들에게 로드는 아들도 딸만큼이나 미래의 희망임을 상기시킨다. 자녀를 양육하는 일은 "모두가 살아남아 번창할 수 있는" 미래를 만들어 가는 일이다. "열세 살 우리 아들은 열다섯 살 우리 딸과 마찬가지로 우리 미래의 희망입니다. 우리는 그를 위험천만한 뉴욕 거리에 내팽개친 채, 모두가 살아남아 번창할 수 있는 레즈비언 페미니스트 비전으로 가득 찬 미래를 만들어 보겠다며 길을 떠날 생각은 없습니다."(Lorde, 2018: 113)

"남자아이"에서 로드가 이야기한 퀴어 가족의 또 다른 긴장은 아들 조너선의 섹슈얼리티에서 비롯한다. 10대는 성적 존재로의 변화가 시작되는 시기다. 누나와 레즈비언 엄마들로 이루어진 가족에는 조너선이 남성으로 성장하는 데 참고할 모델이 없다. 조너선에게 이 가족에서의 권력은 여성적이다. 레즈비언의 아들들이 "걸어갈 길은 우리[레즈비언] 딸들의 그것보다 험난할 것이다.… 우리 딸들에게는 우리가 있다. 우리를 기준으로 삼든, 반항의 대상으로 여기든, 꿈꿀 상대로 여기든 딸들은 우리를 참고할 수 있다. 하지만 레즈비언의 아들들은 남자로서 자아를 스스로 정립해야 한다"(Lorde, 2018: 105).

로드는 폭력을 다루는 힘을 가르침으로써 조너선의 탐색과 성장을 돕는다. 이는 생존을 가르치는 일이다. 흑인 페미니스트들은 백인 페미니스트들과는 다른 현실을 다루어야 하기 때문이다. "여성으로서 우리는 어떤 문제는 공유하지만 어떤 문제는 그러지 않는다. 백인인 여러분은 아이가 자라나 가부장제에 합류해 여러분에게 불리한 증언을 할까 봐 두려워하지만, 우리는 우리 아이들이 차에서 끌려 나와 거리에서 총을 맞고 죽을까 봐 두렵고, 여러분이 우리 아이들이 죽어 가는 이유에 등을 돌릴까 봐 두렵다."(Lorde, 2018: 202)

조너선은 흑인이라는 이유로 학교와 동네에서 괴롭힘을 당한다. 게다가 그는 순한 아이다. 조너선은 "거친 게임을 즐기지 않았고, 싸우는 것도, 강아지한테 돌을 던지는 것도 좋아하지 않았다. 이 모든 이유로 아이는 만만한 표적이 되었다"(Lorde, 2018: 109).

로드는 사회적 폭력에 대응할 힘을 감정에서 찾아낸다. 자녀 양육에서 자기 감정을 존중하고 자기 자신이 되는 일을 중시한다. 즉 아이들이 "사랑을 느끼는 법, 두려움 같은 감정을 회피하지 않고 두려움에 지배당하지도 않는 법, 자기 감정을 즐기는 법"을 익히게 한다(Lorde, 2018: 107). 인종차별, 성차별, 흑인 여성 혐오 등 폭력으로 가득한 사회에서 흑인 아동은 감정을 억누르는 법부터 배운다. 흑인 남자아이는 다른 여성을 통해 자기 감정을 돌보도록, 그리고 자신이 경험하는 좌절이나 실망을 여성에 대한 혐오와 적개심으로 표출하도록 배운다. 이렇게 하도록 가르치는 세상은 흑인 남자아이의 내면에 두려움과 자기경멸도 심는다.

로드가 자녀들에게 가르친 것은 다음과 같다. 감정을 다루는 방법과 힘, 자신이 원하는 사람이 되는 방법, 어떻게 자기 마음의 소리를 들을지 스스로 찾는 법.

로드가 자녀에게 스스로 자신답게 사는 법을 가르치면서 엄마로서 맞닥뜨린 큰 도전을 나누는 대목은 매우 인상적이다. 로드는 그것이 분노의 전가였다고 술회한다. 어느 날 어린 아들이 동네 불량배들에게 괴롭힘을 당하고 집에 울면서 돌아온다. 이에 로드는 아들에게 화를 내며 폭력의 피해자인 아들을 비난한다. 이 분노는 아들을 보호한다는 명목으로 내는 화다. 아들의 괴로움을 안쓰러워하는 엄마

자신의 고통을 덜어 내려는 감정 표출이다. 아들에게 힘이 곧 정의라고 잘못 가르치면서 자신의 분노를 아들에게 퍼붓는 것이다. 이는 로드가 평생 저항해 왔던 대상을 로드 자신이 반복하는 행위다.

이 분노의 원인은 우리를 향해 자행되는 사회적 폭력이다. 우리를 억압하도록 배치된 사회적 힘들을 신중히 다루지 못하고 그것들에 끌려갈 때, 우리의 마음속에 쌓인 분노는 친밀한 타인을 향한 폭력으로 엉뚱하게 표출된다. 로드는 아이들을 기르면서 화가 날 때, 그 화를 오랫동안 마음속 깊이 축적된 분노와 뒤섞어 표출하지 않도록 계속 노력해야 한다고 강조한다. 분노의 원인은 사회적 폭력과 차별이지만, 그 분노는 너무나 자주 친밀한 사람을 향해 폭발하기 때문이다. "내가 느끼는 분노를 인식하고 명명해 그것을 유발한 곳에 두는 효과적 방법을 배우는 것." 이는 로드 자신의 생존에도, 자녀들의 생존에도 중요한 일이다.

> 내가 인종차별적인 버스 기사에게 맞서지 않고 그 대신 내 딸의 유치한 조롱에 소리를 지른다면, 이는 나의 분노를 엉뚱한 데 표출해 딸을 아무 잘못 없는 피해자로 만드는 짓이다.… 내가 느끼는 분노를 인식하고 명명해 그것을 유발한 곳에 두는 효과적 방법을 배우는 일이야말로 중요했다. 나

자신의 생존뿐 아니라 내 아이들의 생존을 위해서도 말이다.(Lorde, 2011: 76-77)

퀴어 비전, 퀴어 미래

퀴어 가족의 삶을 공적 지면에 나누는 것은 퀴어 가족의 사회적 존재를 인정하는 정치이자 레즈비언과 게이 공동체의 삶과 인식의 지평을 넓히는 일이다. 퀴어 미래를 만들어 가는 일이자 삶의 복잡성을 좀 더 정교하게 이해하려는 노력이다. "내가 쓰는 글 한 줄 한 줄이 세상 어디에도 간단한 해법은 없다는 절규다."(Lorde, 2018: 114)

로드는 레즈비언 모성 경험을 미국 시민으로서 져야 할 책임과 연결한다. 이는 로드가 강조한 내면 탐구와 감정 성찰이 신자유주의식 자기계발과 근본적으로 다른 이유 중 하나다.

"다른 방향에서 바라보기"는 퀴어 미래의 정치와 의미를 전 지구적 관점에서 숙고한 글이다. 퀴어 공동체에서 젖먹이 아기들이 많아지는 현상을 보며 로드는 동성애 혐오에 기반한 백인 중심의 인종차별적 체계에서 살면서 아기를 낳아 기른다는 것의 의미를 검토한다.

로드에 따르면 퀴어 미래는 미국 시민인 퀴어 주체의 정치적 위치에 대한 자각과 정치적 책임에 기반해 건설된다. 유색 인종 레즈비언과 게이는 소수집단에 속하지만 자신이 현대사에서 일어난 "모든 해방 투쟁에서 잘못된 편에 선 미국"(Lorde, 2011: 76)의 시민임을 인식해야 한다. 미국 시민인 퀴어 주체는 세계시민사회에 대한 책임이 있다.

이성애중심주의와 동성애 혐오에 맞서는 투쟁은 인종차별, 성차별, 노동계급차별, 외국인 혐오 등에 맞서는 투쟁과 연결된다. 전 세계 인구의 3분의 2를 차지하는 전 지구적 유색 인종 공동체에서 미국의 흑인 시민이 마땅한 책임을 지려면, 개발도상국에 대한 미국의 반동적·억압적 정책에 개입해 실질적 변화를 만들어 내야 한다. 전 지구적 관점에서 보아야 미국의 퀴어 미래를 건설할 수 있다.

로드가 퀴어 미래를 논하면서 미국 시민으로서 책임을 강조한 까닭은 당시 미국의 상황에 있다. 1980년대 중반 미국 사회의 모든 곳에서 보수주의가 세를 확장했다. 에이즈에 대한 두려움이 전국으로 확산하면서 게이와 레즈비언에 대한 노골적 폭력이 증가했다. 에이즈를 구실 삼아 아프리카 혐오도 노골적으로 표출됐다. 뉴라이트 그룹은 임신 중단 금지와 동성애 혐오를 핵심 슬로건으로 삼아 정치적 세를 넓혔다. 노동계급과 빈곤층을 위한 복지 정책 예산은 대대적으로 삭감되었다. 흑인 게이 남성에게 공공연히 린치가 가해지고, 이런 사건을 취재하던 흑인 여성 기자도 린치를 당한다. 흑인에 대한 린치는 인종차별적 폭력이 아니라 그저 우연한 사건으로 의도적으로 잘못 보도된다. "유색 인종 레즈비언과 게이들 그리고 그 자녀들은 오늘날 이 나라에서 인간의 존엄을 위한 모든 투쟁의 최전선에 있다."(Lorde, 2011: 79)

아이들이 이런 현실을 다룰 수 있는 힘을 키우며 성장하게 하려면 우리가 경험한 세상, 우리가 알고 있는 세상이 어떤지 아이들에게 정확히 알려 주어야 한다. 우리가 체득한 생존 기술과 지혜를 전수한다고 해도 사회는 자녀 세대의 평생 동안 변화하지 않을 수 있다. 우리는 이 점을 인식한 채 미래를 만들어 가야 한다.

로드는 자신과 아이들이 각자 전투지는 다르더라도 똑같은 전쟁을 치르고 있다고 본다. 이 전쟁은 남아프리카공화국에서 극심한 흑인 억압 정책에 저항하며 죽어 가는 흑인들, 유럽에서 살해당하는 레즈비언들, 남아시아의 성매매 업소, 화학 물질 탓에 후천 면역 결핍증에 시달리는 개발도상국의 화학 공장 노동자들을 아우르는 전 지구적 전쟁이다. 일상의 미세한 부분에서 치밀하게 펼쳐지는 전쟁이다. 퀴어 생존과 지속 가능한 미래를 위해 인종차별,

성차별, 동성애 혐오의 전 지구적·지역적 연결을 인식하면서 치르는 전쟁이다.

참고문헌

박미선(2024). "오드리 로드의 레즈비언 모성과 퀴어 인식론". ≪영미문학페미니즘≫, 32(2), 33-56쪽.

de Veaux, A.(2004). *Warrior Poet: A Biography of Audre Lorde.* Norton.

Lorde, A.(1984). *Sister Outsider.* Crossing Press. 주해연·박미선 옮김(2018). ≪시스터 아웃사이더≫. 후마니타스.

Lorde, A.(2011). *I Am Your Sister: Collected and Unpublished Writings of Audre Lorde.* Byrd, R. P., Cole, J. B., & Guy-Sheftall, B.(eds.). Oxford University Press.

06
교차성: 개념과 이론의 역사

교차성 이론은 흑인 페미니즘이 20세기 후반 여러 사회 운동의 정치적·인식론적 실패 지점과 씨름하면서 정교화한 이론이다. 흑인 페미니스트들은 인종, 계급, 젠더 등을 동질적이고 정량화할 수 있는 것으로 가정하는 '더하기 모델'을 비판하며 교차성 개념과 분석을 발전시켰다.

흑인 페미니즘과 교차성 이론

'교차성'은 흑인 페미니즘이 제시한 개념이다. 미국 사회에서 권력 체계는 인종, 계급, 젠더, 섹슈얼리티, 민족, 시민권, 장애 유무, 나이, 종교 등에 기반하며 각 항목에 기반한 권력 체계들이 서로를 강화하면서 작동한다는 점을 개념화한 용어다. 교차성 이론은 이 여러 항목이 개인이나 집단의 속성이 아니라 사회 억압을 구성하는 요소며, 개인과 집단이 그 안에서 독특한 정체성을 구성하는 권력 체계를 이룬다고 본다.

교차성 이론은 20세기 후반 여러 사회 운동의 정치적·인식론적 실패 지점에서 비롯한다. 흑인 여성은 인종차별에 반대하는 투쟁과 성차별주의를 철폐하려는 운동 중 하나를 선택하라고 강요받았다. "흑인 페미니즘 선언문"이 기록했듯 계급과 노동을 우선시하는 이론은 흑인 여성에게 노동 해방의 비전을 제시하기에 불충분하다. 이런 상황에서 흑인 페미니즘은 젠더, 인종, 계급, 섹슈얼리티 등이 서로 맞물려 작동하는 방식과 특성을 다양한 상황에서 분석하면서 교차성 이론을 정교화했다.

예컨대 교차성 이론에서 섹슈얼리티는 젠더, 인종, 계급, 민족, 시민권이 합류하는 사회적 지점으로 분석된다.

가족이나 사회단체는 여러 억압 구조와 지배 이데올로기가 재생산되는 동시에 저항을 직면하는 복잡한 지점으로 이해된다.

교차성 이론은 억압의 다층성과 복잡성을 분석하는 만큼 개인과 집단의 행위 능력이 작동할 공간을 마련한다. 섹슈얼리티, 인종, 젠더, 계급, 나이, 시민권 등이 서로 맞물려 작동하는 권력 구조에서 개인과 집단은 맥락과 관계에 따라 다양한 상황에 놓이고 여러 입장을 지니게 된다. 그러므로 교차성 이론에 따르면 언제나 절대적인 억압자나 피해자란 존재하지 않는다.

흑인 페미니즘에는 교차성 이론의 토대를 마련한 선구적 문헌들이 있다. 프랜시스 빌(Frances Beal)의 "이중의 위험: 흑인이고 여성이라는 것(Double Jeopardy: To Be Black and Female)"(1970), 콤바히강 공동체의 "흑인 페미니즘 선언문"(1977), 글로리아 헐과 퍼트리샤 벨스콧(Patricia Bell-Scott) 그리고 바바라 스미스가 편집한 흑인 페미니즘 선집 ≪모든 여성은 백인, 모든 흑인은 남성이지만 우리는 용감하다: 흑인 여성 연구(All the Women Are White, All the Blacks Are Men, But Some of Us Are Brave: Black Women's Studies)≫(1982), 로드의 ≪시스터 아웃사이더≫(1984) 등이 그것이다. 이들 문헌은 제2물결 급진 페미니즘의 핵심을 담고 있으며 당대 흑인 페미니즘을 형성했다. 훗날 흑인 페미니스트들은 교차성 개념과 이론을 발전시키는 데 이 문헌들을 참고했다.

≪시스터 아웃사이더≫: 교차성 이론의 고전

≪시스터 아웃사이더≫는 1977년부터 1983년까지 로드가 주요 페미니스트 행사에서 발표한 글과 연설을 모은 책이다. 이 책은 앞서 언급한 문헌들에 힘입어 교차성 이론을 제시한다. 선집이나 한 편의 글이 아니라 단행본으로 출판되어 교차성 이론의 선구적 고전으로 자리 잡는다.

로드의 교차성 이론은 훗날 데버라 킹(Deborah King)과 킴벌레 크렌쇼(Kimberlé Crenshaw), 퍼트리샤 힐 콜린스 등이 교차성 개념과 이론을 정교화하는 데 큰 영향을 미쳤다. 킹은 흑인 여성이 경험하는 억압을 "다층적 위험(multiple jeopardy)"으로 개념화한다. 이로써 그러한 억압을 인종 더하기 젠더 식으로 이해하는 '더하기 모델'의 동질성에 대한 전제를 깬다. 킹은 흑인 여성에게 "각각의 차별이 단 하나의 직접적인 독립적 영향을 미친다는 관념에 도전"하며 억압의 여러 체계가 "서로 맞물려(interlocking)" 작동함을 보여 주는 분석 모델을 제시한다(King, 1995: 297). 콜린스는 교차성을 "지배 매트릭스(Matrix of Domination)"로 이론화한다(Collins, 2009: 11장).

킹과 크렌쇼, 콜린스는 학계에서 교차성 이론의 개척자로 인정받는다. 그러나 이런 인정은 흑인 페미니즘의 역사에 대한 무지에 바탕을 둔 선택적 인정이다. 이들보다 앞서 교차성 관점을 제시한 흑인 페미니스트들이 있었다. 그중에서 로드가 가장 심층적인 교차성 분석을 제시한다.

로드는 동시대 흑인 페미니스트들과 함께 여러 교차적 억압을 당대 여성 운동과 페미니즘 이론 그리고 흑인 운동의 주요 의제로 제시했다. 그런데 로드는 퀴어 인식론으로 교차성 이론을 생산한다. 로드의 교차성 분석은 여성들 사이의 차이를 자기 변화와 사회 변혁에 "필수적이며 창조의 동력"(Lorde, 2018: 237) 역할을 하는 것으로 이론화한다. 로드의 차이 이론은 흑인 여성들이 내면화한 억압을 표출하는 여러 방식과 그 심층 심리를 탐구하는 감정 연구를 제시한다. 1960년대부터 1980년대 중반까지의 흑인 페미니즘에서 로드가 최고의 이론가로 평가받는 이유다.

교차성 이론의 정교화: 더하기 모델을 넘어서

교차성 개념은 지식 생산과 이론화 작업에서 작동하는 인식론적 비가시성에 대한 성찰을 통해 이론으로 발전한다. 크렌쇼는 유색 여성에게 폭력이 가해지는 맥락에서 인종과 젠더가 교차하는 구조적 방식을 분석한다. 이때 교차성을 사회 분석을 위한 개념으로 제시한다. 크렌쇼는 사회 권력 구조를 분석하기 위한 개념으로서 교차성을 구조적 교차성, 정치적 교차성, 재현상의 교차성으로 세분한다.

구조적 교차성은 흑인 여성의 정체성이 형성되는 다층적·물질적 지반을 설명하는 개념이다. 정치적 교차성 개념은 흑인 여성이 흑인 남성 또는 백인 여성과 담론상 상이한 위치에 있음을 강조한다. 크렌쇼는 다음과 같이 지적한다.

> 인종차별 철폐 담론과 페미니즘 담론이 인종차별주의와 가부장제가 서로 맞물려 작동한다는 점을 거론하는 데 실패해 초래되는 가장 곤란한 정치적 결과는 이 두 담론이 유색 인종과 '여성' 각각의 이해관계를 진척하는 이상 한 분석이 다른 분석의 타당성을 암묵적으로 부정한다는 사실에 있다. 페미니즘이 인종을 심문하는 데 실패했다는 것은 페미니즘의 저항 전략이 종종 유색 인종의 종속을 배가하고 강화함

을 뜻한다. 가부장제를 심문하지 못한 인종차별 철폐 투쟁의 담론적 실패는 여성의 종속을 재생산한다. 이런 상호적 생략이야말로 특히 유색 여성이 직면한 어려운 정치적 딜레마다.(Crenshaw, 1991: 1252)

인종차별주의와 가부장제가 서로 맞물려 작동하는 방식을 인식하지 못할 때 흑인 여성은 정치적·담론적으로 비가시화된다. 교차성은 이렇듯 정치적·인식론적으로 보이지 않게 된 경험과 입장을 가시화하는 개념이다. 즉 구조적 교차성과 정치적 교차성은 "흑인 여성이 사회관계 속에서 차지하는 다중적 정체성과 다층적 입장을 분명하게 설명"하며 이 다중적 입장과 "지속적인 집단 정치의 필요 사이 긴장을 매개하는" 개념이다(Crenshaw, 1991: 1296).

크렌쇼가 제시한 교차성 개념은 인종 더하기 젠더가 아니다. 즉 더하기 모델로는 파악할 수 없는 복잡성을 포착한다. 교차성 개념은 흑인 여성이 겪는 인종차별이 흑인 남성이 겪는 인종차별과 질적으로 다르다는 점을 시사한다. 계급, 인종, 젠더, 섹슈얼리티, 시민권 등을 통해 규율되는 정체성은 각각 독립적으로 이해될 수 없다. 그럼에도 더하기 모델은 젠더 억압이 상이한 여성 집단에 동질적인 것으로 정량화될 수 있다고 가정한다. 크렌쇼의 교차성 개념은 이런 정량화·동질화 모델을 부순다. 계급 억압 역시 젠더와 시민권, 소득 수준, 계급 입장에 따라 다르게 경험된다.

교차성 분석 모델에 따르면 전선의 이중화(예컨대 노동 해방과 여성 해방)만으로는 불충분하다. 전선의 이중화 역시 더하기 모델을 가정한다. 교차성 분석은 더하기 모델의 한계를 넘어선다. 콜린스는 다음과 같이 말한다.

> 1980년대 이후 인종, 계급, 젠더 연구는 이 세 항을 그저 단순하게 합치고서 억압을 설명하는 더하기 모델을 거부하고 이 세 결정항이 복잡하게 맞물리는 양상을 탐구하면서 상당한 이론적 진척을 이루었다.… 교차성은 서로 맞물리는 억압의 특정 형태, 예컨대 인종과 젠더의 교차 혹은 섹슈얼리티와 민족의 교차 같은 특정 형태를 지칭한다. 교차성 패러다임은 억압이 단일한 근본적 유형으로 환원될 수 없다고 강조하며 여러 억압이 함께 작동해 사회적 부정의를 생산한다는 점에 주목한다.(Collins, 2009: 49-50)

더하기 모델은 여성들 사이의 차이를 사유하기 위해 제시되었다. 예컨대 중산층 백인 여성은 성차별을 경험하고 중산층 흑인 여성은 성차별과 인종차별의 이중 억압을 경험하며 유색 여성 노동자는 계급차별·인종차별·성차별의 삼중 억압을 겪는다는 식으로 설명한다. 더하기 모델의 문제는 백인 여성과 흑인 여성, 유색 여성이 경험하는 젠더 억압을 동질적인 것으로 가정한다는 데 있다. 이렇게 가정하면 젠더·인종·계급 억압이 서로에 영향을 끼치며 강화되고 작동하는 방식을 보지 못하게 된다. 예컨대 더하기 모델에 따르면 하층계급 미혼 레즈비언 이주민 여성은 계급·젠더 억압과 이성애중심주의·시민권에 기반해 작동하는 억압을 각각 경험할 뿐이다. 이때 계급, 인종, 젠더, 섹슈얼리티는 네 가지 독립적 억압 구조를 형성하며 각 억압 구조는 정량화해 합산할 수 있는 것으로 가정된다.

교차성 이론은 젠더의 의미가 인종에 따라 상이할 수 있으며 인종의 의미 역시 젠더에 따라 다를 수 있다고 강조한다. 젠더가 모든 여성에게 동일한 방식으로 영향을 미친다는 가정은 오류다. 교차성 이론은 성, 인종, 계급, 섹슈얼리티 억압이 서로 맞물려 작동하는 방식과 그것들이 상이한 집단에 질적으로 다르게 경험되는 지점에 주목한다. 교차성 이론은 차별과 지배의 다층적 형식들 간 복잡한 관계에 초점을 맞추어 현실을 분석하고, 상황에 따라 결정적 변수가 달라질 수 있다고 보는 인터랙티브 모델이다(Collins, 2009).

예를 들어 흑인 여성의 섹슈얼리티가 구성되고 규율되

는 방식을 살펴보면 여러 억압 구조의 동시 작동과 상호 강화 관계를 이해할 수 있다. 흑인 여성의 섹슈얼리티는 계급, 이성애중심주의, 인종, 시민권, 젠더가 합류하는 지점이다. 그것은 "여러 억압 체계를 묶는 사회적 장소"이자 "서로 맞물려 작동하는 억압을 한데 묶어 주는 개념적 아교"다 (Collins, 2009: 238). 여성의 몸은 계급 관계에서 대상화되고 상품화된다. "온갖 종류의 상품화된 몸은 계급 위계상 지위를 표시하는 기호가 되는데, 역사적으로 미국에서 계급 위계는 인종과 젠더에 의해 좌우되었다."(Collins, 2009: 234)

> 흑인 여성의 섹슈얼리티가 구성되는 방식은 ① 이성애 중심의 정상적 섹슈얼리티와 문제적 섹슈얼리티를 구분해 그 경계선을 유지하는 데 중요하며, ② 흑인 여성의 몸을 시장에서 판매되는 자본주의적 상품 관계로 구성하고, ③ 생물학적 인종차별주의에 핵심적인 인종적 순수성이라는 통념을 재생산하며, ④ 좋은 여자와 나쁜 여자를 인종 관념과 연결해 구분하는 인종화한 젠더 위계를 만들어 내고, ⑤ 이런 구조를 정당화하는 미국의 국가 정책을 이해하는 데 중요하다.(Collins, 2009: 343)

교차성 이론의 확산과 뿌리

흑인 페미니즘에서 나온 교차성 개념과 접근법은 비판 사회 이론, 흑인 연구, 인종 연구, 여성학, 젠더 연구, 섹슈얼리티 연구에 녹아들었다. 인종, 계급, 젠더에 교차적으로 접근하는 연구는 1980년대 후반부터 본격적으로 거론되었고 약 30여 년에 걸쳐 정교해졌다. 대략 2000년부터 교차성 이론은 사회 불평등을 분석하기 위한 이론적 접근법으로 여러 분과 학문에 퍼져 나갔다. 이제 교차성은 "여성학이 지금까지 해 온 것 중 가장 중요한 이론적 공헌"(McCall, 2005: 1771)으로 꼽힐 정도로 강력한 페미니즘 연구방법론이다.

2000년 이후 교차성 연구가 여러 분과 학문에서 제도화되고 상당한 진척을 이루면서 교차성 논의의 계보는 매우 다양해졌다. 그러면서 교차성 연구에 대한 미국 흑인 페미니즘의 공헌을 누락하고 교차성을 '보편적' 연구방법론으로 전유하려는 움직임도 나타났다. 이는 부분적으로 교차성 개념 자체가 개방적·유동적이라는 데 기인한다. 그러나 이런 움직임은 교차성 개념이 진화한 역사적 맥락을 삭제한다는 점에서 문제가 있다.

교차성 개념은 1960년대 이후 미국의 여러 사회 운동이 만나는 지점에서 제기되고 표명된 문제의식에 뿌리를 둔다. 특히 여성 운동에서 여러 억압의 교차를 거론하며 여성들 사이의 차이를 이론화한 이들은 유색 인종 여성들, 특히 흑인 여성들이다. 교차성 분석 틀이 나온 사회 운동의 맥락을 무시하는 것은 학문 연구의 인종차별이다. 즉 교차성 분석 틀이 학계로 통합되어 연구방법론으로 제도화하는 과정에서 작동한 인종차별주의는 유색 여성들의 집단적·이론적 공헌을 슬며시 누락했다. 선별적 망각·기억·강조와 마찬가지로 누락도 지배의 전형적 패턴이다.

참고문헌

Carastathis, A.(2016). *Intersectionality: Origins, Contestations, Horizons*. University of Nebraska Press.

Collins, P.(1991). *Black Feminist Thought*. 주해연·박미선 옮김(2009). ≪흑인 페미니즘 사상≫. 여이연.

Collins, P. & Bilge, S.(2016). *Intersectionality*. Polity.

Crenshaw, K.(1991). Mapping the Margins: Intersectionality, Identity Politics, and Violence against Women of Color. *Stanford Law Review, 43*, pp. 1241-1299.

King, D.(1995). Multiple Jeopardy, Multiple Consciousness: The Context of Black Feminist Ideology. In Guy-Sheftall, B.(ed.). *Words of Fire: An Anthology of African American Feminist Thought*, pp. 294-317. The New Press.

McCall, L.(2005). The Complexity of Intersectionality. *Signs: Journal of Women in Culture and Society, 30*(1), pp. 1771-1800.

07

퀴어 인식론과 교차성 이론

퀴어 인식론은 로드가 교차성 이론을 생산한 방식이다. 인식론은 지식이 생산되고 인증받는 절차를 다룬다. 로드는 퀴어 관점을 지식 생산의 경로로 삼는다. 이성애중심주의와 동성애 혐오에 대한 로드의 논의는 퀴어 이론의 역사에서 선구적이다. 퀴어 인식론에 초점을 맞춰 로드의 교차성 이론을 살펴보면서 백인 중심으로 쓰인 퀴어 이론의 역사에 가려진 유색 여성들의 기여를 상기해 보자.

퀴어 인식론

지식을 생산하는 로드의 힘은 감정을 지식 생산의 원천으로 삼는 퀴어 인식론에서 나온다. 치카나 페미니즘(Chicana feminism)의 대표적 사상가 글로리아 안잘두아(Gloria Anzaldúa)와 마찬가지로 로드는 흑인 레즈비언임을 지식 생산의 경로로 삼는다. 퀴어 인식론은 퀴어 주체의 관점과 경험을 지식 생산의 척도로 삼는다. 로드의 교차성 이론은 퀴어 인식론에 바탕을 둔다. 요컨대 로드는 퀴어 주체로서 지식을 생산하며, 퀴어 경험을 지식으로 생산한다.

로드는 흑인 여성의 경험을 분석하면서 이성애중심주의와 동성애 혐오를 핵심 주제로 다룬다. 로드가 흑인 페미니즘 전통에 특별히 기여한 점이 여기 있다. 퀴어 이론의 역사 역시 백인 중심으로 쓰였다. 로드의 페미니즘은 그러한 주류 퀴어 이론이 다루지 못한 지점들을 보완한다.

동성애 혐오는 시각적 가시성에 상당히 의존하는 인종차별이나 성차별과 다른 방식으로 작동한다. 이성애중심주의는 권력 제도로서 인종, 젠더, 계급, 시민권 등 여러 권력 체계들을 탄탄하게 엮는 기능을 한다. 유색 인종 여성의 경험과 정체성을 논의하는 교차성 분석에서 (인종, 젠더, 계급, 시민권은 함께 다루어지곤 하지만) 섹슈얼리티는 종종 누락된다. 이성애자임이 유일한 특권인 여성들도 있기 때문이다. 또한 이성애중심주의가 너무 당연하게 여겨져 섹슈얼리티가 여러 억압 체계를 유지하는 접착제임이 인식되지 못하기 때문이다.

현대 페미니즘 이론사에서, 그리고 퀴어 이론의 역사에서도 이성애중심주의와 동성애 혐오에 대한 로드의 분석은 선구적이다. 로드는 1970년대 후반부터 이성애중심주의가 권력 제도며, 동성애 혐오는 이성애중심주의를 지탱하는 심리 구조라고 논한다. 로드의 퀴어 논의는 이성애가 자연적인 것이 아니라 사회 규범과 훈육을 통해 강제된다고 주장한 에이드리엔 리치(Adrienne Rich)의 1980년 글 "강제적 이성애와 레즈비언 존재(Compulsory Heterosexuality and Lesbian Existence)"보다 앞선다. 퀴어 이론의 출발점으로 간주되는 게일 루빈(Gayle Rubin)의 1984년 글 "성을 사유하기(Thinking Sex)"보다도 이르다.

이성애중심주의와 동성애 혐오

로드는 이성애중심주의와 동성애 혐오를 다음과 같이 정의한다.

- 이성애중심주의: 특정한 사랑의 방식이 다른 방식보다 본래 우월하기에 지배할 권리를 지닌다는 믿음.
- 동성애 혐오: 동성 집단에 속한 사람을 사랑하는 것에 대한 공포 탓에 다른 사람들이 그러한 감정을 보이는 데 품는 혐오.(Lorde, 2018: 54-55)

이러한 정의는 인종차별주의, 성차별주의에 대한 정의와 함께 제시된다. 인종차별과 성차별은 이성애중심주의와 동성애 혐오를 활용한다.

레즈비언 낙인에 대한 분석은 로드의 교차성 이론이 제시하는 탁월한 분석들 중 하나다. 로드의 관찰에 따르면 "흑인 여성들 사이에서는 특히 이성애중심주의와 동성애 혐오가 공명한다"(Lorde, 2018: 206). 이 공명은 레즈비언에 대한 낙인으로 표출된다. 성적 낙인은 여성을 규율하는 지배의 도구다. 흑인 공동체에서 레즈비언 낙인은 성차별에 저항하는 흑인 여성의 힘을 빼앗는 강력한 도구다. 미국의 인종정치는 흑인 남성으로 하여금 성차별을 인종차별에 대한 심리적 보상으로 여기게 한다. 남성들 사이의 경쟁에서 진다면 여성이라도 지배하라는 식이다. 이런 인종정치 내부에서 흑인 남성의 젠더 특권은 레즈비언 낙인을 통해 유지된다.

여성 억압은 신체적 폭력과 위협뿐 아니라 상징적 폭력을 통해서도 작동한다. 여성을 열등한 존재로 간주하는 성차별주의적 인식은 상징적 폭력에 해당한다. 상징적 폭력 중 가장 비가시화한 것, 가장 인식되지 않는 것이 가장 강력한 지배의 도구로 사용된다. 레즈비언에 대한 낙인이 바로 그것이다. 레즈비언 낙인은 흑인 공동체에서 인종차별과 성차별의 착종을 은폐하는 효과적 기제다. "요즘 흑인 공동체 내에서 레즈비언을 제물로 삼아 인종차별주의와 성차별주의의 진상을 은폐하려는 시도들이 나타나고 있다."(Lorde, 2018: 57) 흑인 남성은 레즈비언을 표적 삼는 히스테리를 이용해 여성 혐오를 마구 표출하며 흑인 여성을 협박하고 자신의 지배하에 두려 한다.

흑인 여성들은 레즈비언으로 낙인찍히는 것에 대한 공포심 탓에 스스로를 부정하고 서로를 비하한다. 흑인 여성들도 레즈비언 낙인에 공모한다. 억압을 내면화해 식민화된 무의식과 자기혐오로 인해 자신들 사이의 차이를 위협으로 간주하기 때문이다.

레즈비언 낙인은 흑인 여성들로 하여금 이성애 규범의 테두리 안에 머무르도록 규율하는 장치다. 로드는 이 점을 인식하라고 촉구한다. "여성을 분열시키는 것은 우리 사이의 차이가 아니다. 우리가 분열하는 것은 그런 차이를 인식하려 하지 않고 무시하면서, 그것을 잘못 명명해 나타나는 왜곡된 결과들을 제대로 다루지 못하기 때문이다."(Lorde, 2018: 208) 흑인 여성들이 차이를 분열의 원인으로 오인하는 것은 인종차별주의, 성차별주의, 이성애중심주의, 동성애 혐오가 서로 뒤얽히면서 나타내는 효과다. 흑인 여성들이 흑인 공동체에서 자신이 경험하는 폭력에 공모하거나 그것을 외면하는 일도 마찬가지다.

권력 제도인 이성애중심주의와 그것을 지탱하는 장치인 동성애 혐오는 여성들이 서로를 경쟁자로 여기도록 조장한다. 동성애 혐오는 흑인 해방 운동을 파괴할 뿐 아니라 이성애자 여성 개인에게도 고통을 준다. 인종차별주의, 성차별주의, 이성애중심주의, 동성애 혐오는 "차이를 인간의 역동적 힘으로 인식하지 못하는 무능력에서 비롯한다"(Lorde, 2018: 55). 성차별, 인종차별, 동성애 혐오는 동일한 뿌리, 동일한 권력 배치에서 나온다.

성차별과 여성에 대한 폭력을 흑인의 이슈로 삼는 것이야말로 흑인 해방의 핵심이다.

> 흑인 남성 역시 성차별주의와 여성 혐오가 결국 흑인 남성의 해방에 해가 된다는 사실을 깨달을 필요가 있다. 왜냐하면 이는 인종차별주의와 동성애 혐오를 발생시키는 것과 동일

한 권력 배치에서 나오기 때문이다. 이 같은 의식의 변화가 이루어지기 전까지는 … 이 문제[성차별주의와 흑인 여성에 대한 폭력]가 흑인 해방의 핵심이다.(Lorde, 2018: 89)

흑인 공동체와 교차성 이론

"표면 긁기: 여성과 사랑을 가로막는 장벽에 대하여(Scratching the Surface: Some Notes on Barriers to Women and Loving)"와 "성차별주의: 흑인 가면을 쓴 미국의 질병(Sexism: An American Disease in Blackface)"에서 로드는 흑인 공동체에서 일어나는 여러 억압의 양상이 정당화되는 방식을 규명한다. 특히 이성애중심주의에 초점을 맞추어 권력 체계들의 교차적 작동을 분석한다. 이것이 로드가 페미니즘 이론을 혁신한 방식이다. 이 두 편의 글은 로드가 흑인 공동체에서 일어난 "성차별주의 논쟁"에 참여해 썼으며 ≪흑인 학자≫에 실렸다.

흑인 민권 운동이 거둔 성과에 대한 반발로 "흑인 가모장이 흑인 공동체를 해치는 사회적 질병"이라고 우기는 이데올로기적 공격이 거세게 일었다(Lorde, 2018: 55). 이런 공격에는 흑인 페미니스트 문학이 주목받는 데 대한 반발심도 담겨 있었다. 흑인 공동체도 흑인 가모장 이미지를 받아들였다. 이 이미지가 흑인 여성을 통제하기 위해 만들어진 "인종차별주의에 뿌리를 둔 거짓 신화"임에도 말이다(Lorde, 2018: 55).

흑인 여성이 생계를 책임지는 가구가 많은 것은 인종차별적 정치경제 구조 때문이다. 흑인 가모장은 백인 사회학자들이 이런 구조를 은폐하기 위해 흑인성을 일탈적 가족 유형의 원인으로 왜곡해 날조한 이미지다. 당시 흑인 남성 지식인들은 이 거짓된 이미지를 이용해 흑인 여성 작가들과 페미니스트들의 작품·저서가 흑인 남성을 공격한다고 엉뚱한 비난을 퍼부었다.

로드가 보기에 성차별주의와 여성 혐오는 흑인 공동체의 심장부를 강타하는 질병이다. 이 문제는 동성애 혐오, 인종차별주의와 결합해 흑인 여성에 대한 억압을 강화한다. 여성을 억압하는 것은 흑인 공동체의 힘을 스스로 빼앗는 짓이다. "스스로를 정의할 줄 알며, 우리 공동체 안에서 우리의 힘과 이해관계를 기꺼이 탐구하고 추구할 준비가 되어 있는 흑인 여성들은 흑인 해방 투쟁에 필수 불가결한 구성원이다."(Lorde, 2018: 55-56)

이 언급은 흑인 공동체가 "불평등한 존재들 사이에 지배와 복종 모델에 입각한 낡은 성적 권력관계들"(Lorde,

2018: 56)을 고수하고 있음을 시사한다. 이것이야말로 흑인 해방을 가로막는 일차적 장애물이다. 흑인 남성이 흑인 여성의 힘을 공동체의 자원이 아니라 도전으로 여기는 것은 인종차별주의와 착종된 성차별주의를 내면화했기 때문이다. 이는 흑인 여성에 대한 적대감으로 표출된다.

인종차별주의는 흑인 남성의 성차별과 성폭력을 조장한다. 흑인 남성에게 인종 억압으로 인한 좌절감을 여성에 대한 지배로 보상받으라고 부추긴다. 그러나 인종 억압은 지배 집단에 저항하고 권력 구조를 변화시킬 때만 줄일 수 있다. 흑인 남성들이 저항하는 대신 흑인 여성들에게 표출하는 적대감은 흑인 해방에 전혀 도움이 되지 않는다. 성차별을 인종차별의 분풀이로 사용하는 것은 흑인 여성과 공동체의 힘을 빼앗는다.

흑인 여성은 흑인 남성과 다른 방식으로 억압을 경험한다. 예컨대 "강제적 불임 시술, 사실상 박탈당한 임신 중지권은 강간과 마찬가지로 흑인 여성들에게만 가해지는 억압의 도구다"(Lorde, 2018: 57). "흑인 여성은 여전히 이 나라에서 성별과 인종으로 말미암아 가장 낮은 임금을 받는 집단이다."(Lorde, 2018: 81) 흑인 여성이 차지하는 낮은 사회계급은 인종과 젠더가 결합된 차별의 결과다.

흑인 남성들이 흑인 페미니즘을 "흑인 가면을 쓴 백인

페미니즘"(Lorde, 2018: 81)으로 왜곡하는 것은 남성 젠더 특권을 유지하기 위해서다. 그들이 흑인 페미니스트들을 공격하는 것은 "근시안적이고 자기패배적인" 행동이다(Lorde, 2018: 81). 인종 때문에 억압받는다고 여성을 억압하는 것은 정당화될 수 없다. 흑인 남성의 성차별주의는 인종차별을 철폐하려는 투쟁을 약화할 뿐이다.

로드는 퀴어 이슈가 흑인의 이슈이자 페미니즘의 이슈임을 강조한다. 1980년대 초 사회의 모든 부문에서 정치적 보수화의 물결이 일면서 동성애 혐오가 더욱 거세졌다. "레즈비언과 게이에 대한 공격이 점점 늘어나고 있는 것은 흑인들에 대한 공격 역시 늘어날 것임을 알리는 서막일 뿐이다."(Lorde, 2018: 235) 우리가 소수자 한 명에 대한 공격을 무시·묵인·공모할 때 이는 다른 집단에 속한 소수자에 대한 공격으로 이어진다. 이것이 소수자 집단들을 이간질해 서로 반목하게 하는 분할 통치의 방식이다.

로드는 아웃사이더의 위치를 상호 생존을 위한 연대 지점으로 삼고, 차이를 가로질러 인종차별, 성차별, 동성애 혐오, 계급차별을 공동의 이슈로 삼자고 제안한다. 우리가 레즈비언 한 사람에 대한 공격을 당연시할 때, 이는 곧 사회적 약자 모두에 대한 공격으로 번지기 때문이다.

레즈비언 공동체에서 나는 흑인이고, 흑인 공동체에서 나는 레즈비언이다. 흑인에 대한 그 어떤 공격도 레즈비언과 게이의 이슈다. 왜냐하면 나와 수천 명의 흑인 여성이 레즈비언 공동체의 일부이기 때문이다. 레즈비언과 게이에 대한 그 어떤 공격도 흑인의 이슈다. 수천 명의 레즈비언과 게이가 흑인이기 때문이다. 억압의 위계란 없다.(Lorde, 2018: 235)

참고문헌

Anzaldúa, G.(1987). *Borderlands/La Frontera*. Aunt Lute Books.

Hall, J. W.(ed.)(2004). *Conversations with Audre Lorde*. University Press of Mississippi.

Hernton, C.(1984). The Sexual Mountain and Black Women Writers. *Black American Literature Forum, 18*(4), pp. 138-145.

Lorde, A.(1984). *Sister Outsider*. Crossing Press. 주해연·박미선 옮김(2018). ≪시스터 아웃사이더≫. 후마니타스.

Rich, A.(1980). Compulsory Heterosexuality and Lesbian Existence. 이주혜 옮김(2020). ≪우리 죽은 자들이 깨어날 때≫. 바다출판사.

Rubin, G.(1984). *Thinking Sex: Notes for a Radical Theory of the Politics of Sexuality*. 임옥희 외 옮김(2015). ≪일탈≫. 현실문화.

08
차이 페미니즘

로드는 여성 운동과 페미니즘 이론의 젠더중심성과 중산층중심성, 개량주의적 페미니즘을 비판하고 여성들 사이의 차이를 이론화한다. 로드가 페미니스트 공동체에 제시한 교차성 이론은 차이 페미니즘이다.

인식론적 불귀의 지점

로드는 여성 운동과 페미니스트 공동체에서 여성들 사이의 차이를 변화의 동력으로 삼자고 제안한다. 로드가 여러 행사와 단체에 참여해 인종차별주의와 이성애중심주의를 끈질기게 문제 삼은 것도 이 때문이다. 예컨대 로드는 페미니스트 문예지 ≪크리샐리스≫의 백인 편집진과 인종 문제를 두고 논쟁을 벌였다. 편집진이 인종에 따른 계급 차이마저 인지하지 못하자 로드는 창간호부터 맡았던 시 분야 편집장직을 사퇴했다.

이 논쟁의 와중에 로드가 백인 여성들의 인종차별 문제를 공론화한 글이 "메리 데일리에게 보내는 공개서한(An Open Letter to Mary Daly)"이다. 이 글에서 로드는 ≪여성/생태학(Gyn/Ecology)≫의 저자인 데일리를 비판한다. 그러면서 인종차별주의와 중산층 계급이 백인 페미니스트들의 지식 생산에 어떤 영향을 미치는지 분석한다. 페미니즘 지식 생산에서 "자매애 너머에 여전히 인종차별주의가 존재"한다는 점을 자세히 기록한 것이다(Lorde, 2018: 70).

"메리 데일리에게 보내는 공개서한"의 역사적 의의는 인종차별주의가 초래하는 맹점을 성찰하도록 향후 페미니즘 이론을 자극했다는 데 있다. 이 글은 향후 페미니즘 이론이 젠더를 논의할 때 인종과 계급을 함께 고려하도록 만들었다. 이것이 로드가 페미니즘 이론사에 만든 인식론적 불귀의 지점이다. 로드는 당대 여성 운동과 페미니즘 이론의 젠더중심성이 인종·계급과 연결되어 있다는 점을 분석해 향후 페미니즘 이론과 실천이 젠더만 고집할 수 없게 했다.

지금과 같은 실시간 소통 기술이 없던 시절, 이 공개서한은 오랫동안 널리 읽혔다. 로드는 이 글을 ≪시스터 아웃사이더≫에 수록했다. 인식론적 불귀의 지점을 책이라는 출판물로 기록해 둔 것이다.

개량주의 페미니즘

로드는 여성 운동 내부의 인종과 섹슈얼리티 문제, 계급차별과 동성애 혐오 문제를 끈질기게 거론하며 백인 페미니스트들과 계속 갈등한다. 페미니스트 공동체 안에도 인종, 섹슈얼리티, 나이, 계급 등에 따라 배제되고 비가시화하는 여성들이 존재하기 때문이다. 이런 맹점은 페미니즘 정치를 약화하고 이론적 편향을 강화한다.

"주인의 도구로는 결코 주인의 집을 허물 수 없다", "나이, 인종, 계급, 성", "분노의 활용"은 페미니즘 지식 생산의 편향을 다룬다. 그러면서 로드는 흑인 여성 레즈비언의 경험을 지식 생산에 통합하는 교차적 인식론을 제시한다.

"주인의 도구로는 결코 주인의 집을 허물 수 없다"는 로드가 시몬 드 보부아르(Simone de Beauvoir)의 ≪제2의 성(Le Deuxième Sexe)≫ 출간 30주년 기념 학술대회에서 발표한 논평이다. 1949년 출판된 ≪제2의 성≫은 미국의 급진적 여성 운동에 큰 영향을 미친 책이다. 로드는 학술대회의 전체 구성을 관찰하고 유색 여성과 레즈비언의 목소리가 배제되었음을 발견한다. "주인의 도구로는 결코 주인의 집을 허물 수 없다"에서 로드는 여성 억압을 설명하는 범주 중 젠더에만 특권을 부여하는 당대 페미니즘의 개량주의를 비판한다.

로드는 인종, 섹슈얼리티, 계급, 나이 등 여성들 사이에 존재하는 차이를 페미니즘의 진지한 연구 의제로 삼는다. "우리 여성들 사이에 존재하는 수많은 차이를 성찰하지 않으면서, 또한 가난한 여성, 흑인 여성과 제3세계 여성, 레즈비언 여성의 중요한 이야기를 외면하면서 페미니즘 이론을 논한다는 것은 오만한 탁상공론에 불과할 것이다."(Lorde, 2018: 173) 우리의 생존과 미래는 "가난한 여성, 흑인 여성과 제3세계 여성, 레즈비언 여성"의 존재를 인식하는 데

달려 있다.

로드가 여성들 사이의 차이를 페미니즘의 의제로 제안한 것은 여성 운동과 페미니즘의 성장을 배경으로 한다. 1970년대 후반 여성 운동과 페미니즘에 참여하는 여성의 수가 계속 증가했다. 로드는 이때야말로 "여성들 사이의 차이를 배우는 데 페미니즘의 사활이 걸린 시기"라고 봤다(Lorde, 2018: 180). "인종차별주의와 동성애 혐오가 이곳 이 시대 우리가 처한 삶의 실제 조건"이었기 때문이다(Lorde, 2018: 180).

자매애만 강조하고 여성들 사이의 차이를 인식하려 하지 않는 페미니즘은 개량주의적이다. 이런 자매애에는 인종차별주의가 숨어 있다. 개량주의 페미니즘은 젠더에만 집중하면서 젠더가 인종, 계급, 시민권, 국적 등에 따라 다르게 경험된다는 점을 무시한다. 다른 여성들의 이야기를 듣지 않기 때문에 인종차별주의를 탈피하지 못한다.

개량주의 페미니즘의 특징은 "주인의 도구"를 사용한다는 모순이다. 로드는 차이를 지닌 존재를 열등한 것으로 규정하고 배제하는 데 기반한 사회 구조를 "주인의 집"에 비유한다. 여성들 간 차이를 인식하지 못하면 여성들은 주류에 편입하라는 유혹에 시달리면서 분열하고 그 결과 지배 구조에 공모하게 된다.

레스터 올슨(Lester Olson)에 따르면 "주인의 집"은 '집 안의' 노예와 '들판의' 노예를 거느린 백인의 집이다(Olson, 2000). 이 집은 들판에 머무르는 것보다 집으로 들어가는 것이 낫다고 흑인들을 유혹하고 이간질한다. 전형적인 분할 통치의 기술이다. 집 안의 흑인이 주인의 집에 편입하려고 노력하는 개량주의라면, 들판의 흑인은 집 안에 편입되기를 거부하고 투쟁하는 급진주의다. "주인의 도구"는 주인의 집에 드나들 특권을 소수에게 나누어 주는 것을 가리킨다. 이로써 나머지 다수는 들판에 묶여 착취당한다. 집 안에서든 들판에서든 흑인은 주인이 아니다. "주인의 도구"는 이 점을 은폐한다. "주인의 도구"는 권력과 부, 특권의 실행을 통한 지배의 기술이다.

페미니스트 공동체가 젠더만 강조하고 인종, 계급에 따른 차이를 인식하지 못하는 것은 백인 중산층 페미니스트들이 차지하고 있는 사회적 위치와 특권을 드러낸다. 이들은 다양한 "주인의 도구"를 사용한다. 유색 여성을 한두 명 포함하는 구색 맞추기, 피억압자나 피해자는 억압적 상황에 대응할 힘이 없다는 생각, 이런 잘못된 가정에서 나온 수많은 발상이 그것이다. 젠더 권력 구조를 재편하려면 여성들이 그 구조 안에서 평등한 권력을 획득해야 한다고 보는 관점이 이런 발상을 지배한다. "주인의 집"을 허물기보다 그 집 안으로의 편입을 모색하는 관점은 개량주의적이다.

차이를 여성들이 서로 연결되는 힘으로 인식하지 않는 개량주의야말로 여성 운동과 페미니즘을 약화하는 주인의 도구다. 로드는 우리가 차이를 재정의할 때 주인의 집을 함께 허물 수 있다고 주장한다.

> 여성들 간 차이를 단순히 관용하겠다는 것은 가장 역겨운 개량주의입니다. 이런 개량주의는 우리 삶에서 차이가 담당하는 창조적 역할을 전적으로 부정하는 짓입니다. 차이는 단순히 관용의 대상으로 간주되어서는 안 됩니다. 차이는 우리의 창의성이 불꽃을 일으키는 데 필요한 극성과도 같은 것으로 봐야 합니다.… 차이는 우리 각자의 힘을 벼려 낼 수 있는 강력한 연결점이자 원료입니다.(Lorde, 2018: 176-177)

차이 페미니즘

개량주의를 넘어 페미니즘을 급진화하려면 차이를 “우리 각자의 힘을 벼려 낼 수 있는 강력한 연결점이자 원료”로, “변화를 일으키는 힘”으로 인식해야 한다(Lorde, 2018: 177). 로드는 여성들 사이의 차이야말로 급진 페미니즘의 자원이라고 주장한다.

변화의 힘은 차이에서 나온다. 차이를 인식할 때 우리는 주인의 집과 도구를 탈피해 새로운 집을 지을 수 있다. 이때 차이는 창조의 도구이자 재료다. 우리가 짓는 집은 차이로 이루어진 집이기 때문이다. 여성들 사이에 대화를 촉진하는 것도 차이다.

로드는 차이를 창조적 변화의 동력으로 정의한다. 이는 "이 사회가 용인한 여성의 테두리 바깥에 있는 우리, 차이의 용광로 안에서 벼려진 우리, 가난한 우리, 레즈비언인 우리, 흑인인 우리, 늙어 버린 우리"의 경험과 관점을 페미니즘 이론 작업의 자원으로 삼는 것이다(Lorde, 2018: 177).

차이 페미니즘은 여성들 간 억압 경험에 어떤 차이가 있는지 분석한다. 가장 주변화된 여성들에게 차이는 그들이 가장 억압받는 이유이자 생존과 직결된 문제이기 때문이다.

> 우리에게 생존은 모두가 잘 지낼 수 있는 세상이 어떤 세상일지 상상하고 그런 세상을 만들기 위해 타자들, 즉 구조 바깥에 존재하는 아웃사이더들과 공동 전선을 구축하는 법을 배우는 일입니다. 우리에게 생존은 우리의 차이를 받아들이고, 그것을 우리 힘으로 벼리는 법을 배우는 일입니다. 주인의 도구로는 결코 주인의 집을 무너뜨릴 수 없습니다.(Lorde, 2018: 178)

차이를 생존과 사회 변화의 동력으로 정의하면 페미니즘 이론에 내재한 "신화적 규범"을 탈피하는 새로운 지식을 생산할 수 있게 된다. 이때 "신화적 규범"은 차이를 차별의 근거로 둔갑시키는 지배의 기준을 뜻한다. 이 규범은 허구적이지만 강력하다. 로드는 이 규범에 따라 "보통의 타자, 일탈자, 열등한 자 아니면 무언가 분명 잘못된 점이 있는 집단에 속한 사람으로 간주된다"(Lorde, 2018: 193).

로드에 대한 이런 규정은 여성 단체에서도 일어난다. 백인 페미니스트들은 인종, 섹슈얼리티, 나이, 계급 등의 차이를 무시하고 "자매애라는 말로 아우를 수 있는 동질적 경험이 있다고 믿는 척하는데, 사실 이런 동질성은 존재하지 않는다"(Lorde, 2018: 196). 백인의 특권이 권력 구조의 주축인 미국에서 흑인 여성과 백인 여성을 제압하는데 사용되는 덫은 동일하지 않다. 로드는 예술과 교육 분야에서 일어나는 수많은 일들을 그 사례로 든다(Lorde, 2018: 196-204).

여성 운동과 페미니즘의 비전은 차이의 인식에 있다.

앞으로 우리의 생존은 평등한 관계를 맺는 능력에 달려 있다. 가장 피상적인 수준의 사회 변화를 넘어 한 발 더 나아가고자 한다면 여성으로서 우리는 억압을 내면화하는 패턴부

> 터 근절해야 한다. 이제 열등하거나 우월한 존재가 아니라 평등한 존재로서 여성들 간 차이를 인식하고 서로의 차이를 활용해 우리의 비전과 연대 투쟁을 풍성하게 할 방법을 궁리해야 한다. 우리 지구의 미래는 모든 여성이 권력을 새롭게 정의하고 차이를 가로질러 관계를 맺는 새로운 패턴을 규명하고 발전시키는 능력에 좌우될 것이다.(Lorde, 2018: 209)

차이의 인식은 다층적 권력 체계에 대한 이해이자 그 체계를 변화시키는 연대의 정치다. 이는 가시적 사회 변화뿐 아니라 관계를 맺는 심층적 변화로 이어진다.

차이 페미니즘은 권력 체계를 분석하는 교차성 이론을 새로운 관계론에 연결한다. 교차성 관점에서 나온 로드의 차이 이론의 핵심에는 다층적 억압에 반응하는 내면에 대한 심층 탐구가 있다. "진정한 혁명적 변화의 초점은 우리가 벗어나고자 하는 억압적 상황이 아니라 우리 각자의 내면 깊숙이 이식된 억압자의 조각(그것으로 알 수 있는 것은 억압자들의 전술과 억압자들의 관계뿐이다)에 맞춰져야 한다."(Lorde, 2018: 209)

참고문헌

Hall, J. W.(ed.)(2004). *Conversations with Audre Lorde.* University Press of Mississippi.

Lorde, A.(1984). *Sister Outsider.* Crossing Press. 주해연·박미선 옮김(2018). ≪시스터 아웃사이더≫. 후마니타스.

Olson, L. C.(2000). The Personal, the Political, and Others: Audre Lorde Denouncing "The Second Sex Conference". *Philosophy and Rhetoric, 33*(3), pp. 259-285.

09
흑인 페미니즘의 관계론

로드는 억압과 차별이 감정을 통해 작동하는 방식을 분석하고 페미니즘 정치에서 분노가 지닌 의미와 그 활용 방법을 제시한다. 흑인 여성들이 자신과 서로에게 품는 감정에 대한 로드의 탐구는 인식론을 완성하는 관계론을 드러낸다. 로드의 관계론은 우리가 일상적으로 느끼는 감정을 우리가 다른 여성들과 맺는 관계 속에서 분석하면서, 억압이 우리의 내면에 아로새긴 상처와 심리 구조를 다룰 방법을 공유한다.

"분노의 활용: 인종차별주의에 대응하는 여성들"에서 로드는 페미니스트들 사이에서 일어나는 비생산적 대화의 양상과 감정의 역동을 분석한다.

로드는 "인종차별적 태도에 그리고 그런 태도에서 비롯한 온갖 행동과 억측에 분노로 대응"한다(Lorde, 2018: 212). 인종·계급·지위·나이·섹슈얼리티·시민권 등에 따른 배척, 문제시되지 않는 특권, 인종에 의거한 왜곡·침묵·학대, 고정 관념, 방어적 태도, 잘못된 명명, 매수와 포섭에 대응하는 데 적합한 감정은 분노다. 이런 일들에 분노를 표현하는 것은 "성장의 자양분이 될 수" 있다(Lorde, 2018: 212). "인종차별주의에 대응하는 여성들"은 분노를 표현하는 여성들이다.

백인 청중에게 연설할 때 로드는 분노를 표현하는 흑인 여성에 대한 가장 대중적인 비난('쓸데없이 분열만 초래한다')에 맞서 말한다. 로드는 분노의 정치적 함의와 유용성을 다음과 같이 역설한다. "정확한 대상에 초점을 맞춘 분노는 진보와 변화를 촉진하는 강력한 에너지원이 될 수" 있으며 "분노에는 정보와 에너지가 장전되어" 있다(Lorde, 2018: 218).

인종차별 문제를 논의할 때 백인 여성들은 종종 흑인 여성의 분노에 죄책감과 방어적 태도를 보인다. 유색 여성들은 백인 여성들의 인종차별적 발언에 화가 나도 두려움 때문에 침묵하기도 한다. "이렇게 밖으로 표출되지 못한 분노는 아직 터지지 않은 폭탄처럼 마음속에 도사리고 있다가 대개 인종차별을 거론하는 첫 번째 유색 여성에게 퍼부어"진다(Lorde, 2018: 218). 인종차별에 공적으로 항의하지 못해 억눌린 감정을 다른 흑인 여성에게 잘못 쏟아 내는 것이다.

분노를 유발한 정확한 원인에 분노를 놓으려면 분노와 혐오를 구분해야 한다. 엉뚱한 데 분노를 표출해 서로에게 상처를 주고 에너지를 낭비하지 않기 위해서다. 분노는 우리가 인종차별에 대해 느끼는 감정이다. "분노란 우리 사이의 왜곡된 관계를 슬퍼하는 감정이고, 그 목적은 변화"다(Lorde, 2018: 221). 반면 "혐오는 우리와 추구하는 목표가 다른 자들의 격분이며, 그 목적은 죽음과 파괴"다(Lorde, 2018: 221). 분노는 살기 위해 느끼는 감정이다. 혐오는 죽이려는 힘이다. 혐오는 소수집단에 대한 차별과 억압을 정당화하는 정서적 기제다.

여성들의 삶에 도사리는 대립과 위협의 원인은 여성들 간 분노가 아니다. 진짜 원인은 여성, 유색 여성, 레즈비언 여성과 게이 남성, 가난한 사람들을 향한 혐오다. 소수자 혐오는 삶의 모든 부분에 깊이 퍼져 있다. 혐오를 휘두르는 정치가 우리의 삶을 위협한다.

혐오정치는 억압에 저항하는 이들과 젠더, 인종, 섹슈얼리티, 계급 등에 따른 차이를 거론하는 이들을 혐오해야 할 대상으로 둔갑시킨다. "억압에 저항하면서 우리 삶의 독특한 점들을 다시 자세히 성찰해 보려는 이들, 그리고 이를 위해 연대하고 실질적으로 행동하는 이들은 누구나 혐오의 대상이 된다."(Lorde, 2018: 220) 혐오정치의 목적은 그 대상을 파괴하는 것이다.

여성 혐오, 인종화한 혐오, 성애화한 혐오, 계급화한 혐오는 억압의 강력한 도구다. "혐오는 미움받는 이들이 죽기를 바라는 소망"이다(Lorde, 2018: 295). 남성 젠더 특권, 백인중심적·이성애중심적 사회 구조, 중상층의 경제적 특권이 서로를 떠받치는 권력 체계의 배치는 여성, 비백인, 비이성애자, 가난한 이들에 대한 혐오라는 감정 지배 역시 구축한다. 흑인 여성 혐오는 성차별주의와 결합한 인종차별주의를 떠받치는 심리적 근간이다.

분노는 혐오정치에 맞서는 데 에너지로 사용할 수 있다. 분노는 혐오로 인해 "왜곡된 관계를 슬퍼하는 감정이다". 페미니스트 모임에서 흑인 여성들이 분노하는 정확한 원인과 대상을 인식하지 못할 때 이를 슬퍼하는 감정이 분노다. 페미니스트들이 분노의 원인을 외면하고 방어적 죄책감으로 반응하거나 엉뚱하게 서로에게 화를 쏟아 내지 않으려면 "분노를 인정하고 그것을 어떻게 활용할지에 대한 이야기"를 나누며 경청해야 한다(Lorde, 2018: 220). 분노를 표출하는 목적은 변화이기에 "그 분노를 힘 기르기의 중요한 원천으로 활용"할 수 있다(Lorde, 2018: 223).

경청의 심리적 공간

경청은 분노를 페미니즘의 정치적 자원으로 활용하는 생산적 대화의 출발점이다. 죄책감을 구실 삼아 문제를 외면하지 않고 분노를 표출하는 여성들의 말에 귀를 기울이는 것은 어렵지만 필요한 일이다. 이는 "억압자의 위치에 선 여성의 내적 모순을 살피"는 일이기도 하다(Lorde, 2018: 224).

인종차별과 그에 대한 흑인 여성의 분노에 백인 여성들은 대개 죄책감으로 반응한다. 이 죄책감은 에너지를 엉뚱한 데 낭비하게 한다. 백인으로서 느끼는 죄책감은 "자기 스스로 하거나 하지 않은 행동에 대한 반응"이자 "자신이 하거나 하지 못한 행동에 대한 반응"이며, "무력감, 즉 소통을 파괴하는 방어 심리"에서 나온다(Lorde, 2018: 223).

경청의 정치적 공간을 만들려면 경청할 수 있는 심리적 공간과 자원을 만들어야 한다. 경청의 심리적 공간은 나와 타자가 서로 연결된 존재임을, 내가 타인과 친밀하게 연결되기를 열망하는 존재임을 알아차리는 공간이다. 여기에 죄책감과 방어적 태도는 없다. 죄책감은 자신이 차별 행위에 공모하고 있음을 외면하기 위한 편리한 심리적 구실이다. 죄책감은 잘못을 외면하거나 무시하는 행동을 두둔하고, 현상 유지를 선호하고, 자기성찰을 거부하며 변화를 꺼리기에 느끼는 감정이다. 죄책감은 진정한 문제를 외면하려 할 때, 무엇을 해야 할지 알지만 행동으로 옮기려 하지 않을 때 쓰이는 방편이다. 죄책감은 분명한 선택이 필요한 상황의 압력을 피하려고 하기 때문에 느끼는 감정이다.

우리는 오직 경청의 공간에서만 우리 사이에 존재하는 분노를 창조적 사회 변화의 동력으로 활용할 방법을 서로에게 배울 수 있다. 경청은 우리가 죄책감을 구실 삼아 분노를 회피하지 않도록 돕는다. 경청은 분노가 더 심한 분열을 조장하는 데 이용되지 않도록 분노를 느끼는 여성의 경험, 마음, 상황, 이야기에 주의를 기울이는 것이다. 이렇게 주의를 기울일 때 우리가 처한 상황을 명료히 설명하고 서로의 힘을 기르는 데 분노를 활용할 수 있다. 경청은 "단한 명의 유색 여성이 속박하에 있는 한 나는 자유롭지 못하다"(Lorde, 2018: 228)는 것을 인식할 때 가능해진다.

미국 권력 체계의 심리적 근간

"서로의 눈동자를 바라보며"에서 로드는 인종차별주의를 내면화한 흑인 여성들 간 감정의 역동을 논한다. 흑인 여성들이 표현하지 못했던 분노가 왜 유독 다른 흑인 여성을 향해 가장 쉽고 잔인하게 표출되는지, 무엇이 서로의 인정과 지지를 원하면서도 서로 연결되기를 꺼리는 마음을 만들어 내는지 탐구한다. 미국에서 흑인 여성들이 일상적으로 경험하는 심리 상태는 자기혐오, 서로에게 품는 미움과 냉혹한 잔인함, 그리하여 서로에게 소외되는 고립감이다.

흑인 여성들 사이에서 표출되는 분노의 가장 깊은 바탕에는 인종화한 여성 혐오가 있다.

> [인종화한 여성 혐오는] 이 땅에 태어난 순간부터 우리 흑인 여성들을 향해 이 사회가 퍼붓고 있는 죽음의 저주다. 태어난 순간부터 우리는 혐오의 구렁텅이에 빠져 헤어 나올 수 없었는데, 그 이유는 우리가 흑인이기 때문이고, 여자이기

> 때문이며, 더 나아가 그럼에도 감히 살 권리를 뻔뻔하게 주장하고 있기 때문이다.… 이 혐오는 우리가 서로를 대할 때 잔인함과 분노의 메아리로 되돌아온다. 왜냐하면 우리 흑인 여성들은 이 혐오가 찾고 있는 얼굴을 하고 있고, 살면서 너무 많은 혐오를 감내하며 살아온 탓에 잔인함이 몸에 배었기 때문이다.(Lorde, 2018: 282-283)

미국에서 흑인 여성은 이 인종화한 여성 혐오를 체현한 존재로 규정된다. 흑인 여성들이 서로를 향해 폭발시키는 분노의 연료는 바로 흑인 여성 혐오다.

미국의 억압적 권력 구조를 지탱하는 심리 구조가 바로 흑인 여성 혐오다. 심리 구조란 사람들 대다수가 지니는 심리다. 심리 구조는 개개인의 심리에 영향을 미친다. 흑인 여성 혐오는 흑인 여성의 마음에 분노와 자기혐오, 다른 흑인 여성에 대한 냉혹한 잔인성을 심는다. 흑인 여성들이 서로 만날 때 이 자기혐오와 분노는 서로에 대한 잔인함으로 표출된다. 혐오와 멸시가 마음속 깊이 직조되어 삶을 지배한다. 로드는 다음과 같이 고백한다.

> 그것이 어디서 오는지, 왜 내게 산더미처럼 쌓이는지 알아내기 전, 오랫동안 내 삶 여기저기에 불을 지른 것은 바로 그 혐

오와 멸시였다.… 그것은 내 에너지를 온전히 창조적으로 이용하기 위해 면밀히 뜯어보고 무너뜨려야 할 장애물이었다. 차라리 인종차별과 성차별의 외적 발현을 다루는 것이 우리 자신의 의식과 서로의 의식 안에 그런 왜곡들이 내면화된 결과를 다루는 것보다 쉽다.(Lorde, 2018: 283-284)

로드는 어린 시절의 체험을 언어화해 흑인 여성 혐오가 흑인 여성들의 심리를 구조화하는 과정을 설명한다. 자신이 어린 시절 인종차별주의, 성차별주의, 계급차별에 뿌리를 둔 경멸과 폄하 그리고 적나라한 언어폭력에 종속된 공적 맥락에서 겪은 경험을 기록한다. 할렘행 지하철에서 옆자리에 앉은 백인 여성이 어린 로드에게 던진 시선, 안과에서 백인 남성 의사들이 던진 시선은 흑인 혐오다. 어린 시절의 로드에게는 이 경험을 명명할 언어가 없었으나 훗날 작가 로드는 이를 흑인 혐오로 인식한다.

로드의 첫 아르바이트 면접에서 백인 남성은 흑인 소녀가 면접을 보러 왔다는 사실에 놀라며 어린 로드를 위아래로 훑어보다 가슴을 빤히 쳐다본다. 이 시선 폭력은 인종차별주의와 성적 대상화가 서로 얽혀 일어난다. 백인들의 집에 '하나님은 너희를 미워해'라고 써 붙인 간판도 흑인 혐오를 적나라하게 전달한다. 어린 시절 언어화하지 못한 채 경험한 "인종차별과 성차별 모두 정확히 혐오로 인지"된다(Lorde, 2018: 294).

로드의 회고는 흑인 여성이 흑인 여성 혐오를 경험하며 그에 대한 지식을 쌓고 살아남은 주체임을 보여 준다. 흑인 여성 혐오와 그로 인해 매일 경험하는 분노의 축적을 면밀히 탐구하는 것은 온전한 삶을 향한 투쟁이다. 그것은 죽이려는 힘, 절망과 싸우는 일이다.

소수집단의 식민화된 내면에 대한 탐구는 "우리에게 주입된 자기파괴의 조각들과 싸우는" 일이다.

> 우리의 역사가 가르쳐 준 것이 있다면, 억압의 외적 조건을 변화시키는 것만으로는 충분치 않다는 점이다. 온전한 존재로 살아가려면 억압이 개개인의 마음에 심어 둔 절망을 인식해야 한다.… 우리는 우리 안에 독약처럼 스며들어 우리가 아무것도 의식하지 못하는 사이에 우리를 이간질하는, 저 자기파괴의 조각들과 싸워야 한다. 우리는 각자의 마음속 깊숙이 자리 잡은 이 혐오를 우리 손으로 끄집어내, 그것이 누구를 멸시하게 부추기는지 직시해야 한다. 그리고 마음속의 자기파괴적 힘을 줄이려면 차이를 가로질러 우리가 서로 연결된 존재임을 인식해야 한다.(Lorde, 2018: 251-252)

로드는 흑인 여성의 마음속에 주입된 자기파괴를 다루기 위해 흑인 여성들이 진정 서로에게 바라는 것이 무엇인지 묻는다. 흑인 여성들이 서로에게 표출하는 잔인함은 사실 그들의 마음속에 폭탄처럼 내장된 분노가 터져 나오는 것이다. 그렇다면 절망의 심리적 원인이 무엇인지, 즉 그들이 열망하는 것이 무엇인지 아는 것은 우리 마음속에 주입된 자기파괴를 벗어날 방법이다.

참고문헌

de Veaux, A.(2004). *Warrior Poet: A Biography of Audre Lorde.* Norton.

Hall, J. W.(ed.)(2004). *Conversations with Audre Lorde.* University Press of Mississippi.

Lorde, A.(1984). *Sister Outsider.* Crossing Press. 주해연·박미선 옮김(2018). ≪시스터 아웃사이더≫. 후마니타스.

Olson, L. C.(2011). Anger among Allies: Audre Lorde's 1981 Keynote Admonishing the National Women's Studies Association. *Quarterly Journal of Speech, 97*(3), pp. 283-308.

10
감정 연구와 해방적 자기돌봄

우리가 지닌 깊은 열망을 들여다보는 일은 고통스럽다. 억압의 내면화가 낳은 자기혐오, 친밀한 이들에 대한 적개심과 분노 그리고 잔인한 감정의 혼란스러운 복잡성을 끈질기게 면밀히 성찰해야 비로소 그 열망을 인식할 수 있다. 로드는 억압으로 인해 생긴 우리의 상처와 고통을 치유하고 마음을 돌볼 방법과 그러한 작업이 어떤 정치적 의미를 지니는지 나눈다.

열망

"서로의 눈동자를 바라보며"에서 로드는 분노가 "죄책감처럼 불완전한 형태의 지식"이라고 이야기한다(Lorde, 2018: 295). 분노는 "분노를 만들어 낸 것, 즉 혐오에 초점을 맞춘" 감정적 힘이기에 "장기적으로 보면 분노만으로 길러진 힘은 미래를 창조하지 못하는 맹목적 힘이다. 그것은 과거를 파괴할 수 있을 뿐이다"(Lorde, 2018: 295). 이렇듯 로드는 분노를 생존의 힘으로, 페미니스트 공동체에서 차이를 인식하기 위한 원료로 활용하는 것에서 더 나아가 분노의 한계를 인식한다.

흑인 여성들의 분노 뒤에는 상호 연결과 응원, 상호 지지를 원하는 열망이 있다. 이 열망이 흑인 여성들이 서로에게 행사하는 냉혹한 잔인성의 숨겨진 뒷면이다. 이 열망의 어두운 앞면은 잔인성이다. 이 잔인성은 열망을 품은 자기 자신에 대한 부정을 서로에 대한 두려움으로 치환함으로써 표출된다.

이 열망을 인정하고 실현하려면 흑인 여성들 사이에서 표출되는 분노, 불신, 두려움, 거리 두기의 심리를 깊은 차원까지 자세히 들여다보아야 한다. 로드는 스스로를 성찰하며 다음과 같이 설명한다.

> 나는 내가 만난 흑인 여성이 나의 직접적인 필요나 욕망에 조금만 어긋나도, 또는 내게 보여야 할 적절한 반응에서 아주 조금만 벗어나도 분노를 느끼곤 하는데, 이는 내게 깊은 상처를 준다. 이 분노는 자포자기라고 볼 수밖에 없는 감정, 너무 절망적인 나머지 무모하게 표출되는 감정이다. 이 분노는 나의 고통을 가리는 가면이다. 가장 흔들림 없이 함께해야 할 우리가 그토록 분열되어 있는 데 대한 나의 고통, 내가 그녀를 요하는 만큼 그녀가 나를 요하지 않을지 모른다는 데 대한 나의 고통, 그녀가 혐오하는 대상을 쳐다보는 퉁명스러운 시선으로, 사실 나도 그녀를 왜곡해서 보았기에 너무나도 잘 아는 그런 시선으로 나를 바라보는 데 대한 나의 고통 말이다.(Lorde, 2018: 297-298)

로드는 자신이 다른 흑인 여성을 왜곡해서 본 정도에 비례해 분노를 느꼈음을 관찰한다. 좀 더 깊이 들여다보면 "이 분노는 나의 고통을 가리는 가면이다". 여기서 로드는 "깊은 상처"에 새로운 강조점을 둔다. 이런 강조점의 변화는 로드가 다른 흑인 여성과 마음속 깊이 연결되고 싶은 욕망과 실제로는 그러지 못하는 고통이 분노라는 감정에 함께 압축됨을 인식한 데 기인한다. 이 분노는 흑인 여성들의 자기불신과 상호 불신의 원인이자 그 결과로서 느껴지는 감정이다.

이 분노는 저항의 에너지가 될 수 없다. 오히려 그것을 해소하고 없애 버리는 데 필요한 온전한 자기긍정과 열망하는 마음을 파괴한다. 그 대신 자포자기, 서로에 대한 실망과 잔인함을 키운다. 이런 분노와 잔인함은 흑인 여성이 백인 여성 등과 맺는 중간 깊이의 관계에서는 발생하지 않는다. 중간 깊이의 관계에서는 이렇게 분노할 일이 별로 없다. 피상적 관계나 중간 깊이의 관계는 서로에게 큰 상처를 입힐 만큼 친밀한 (혹은 친밀하기를 원하는) 관계가 아니기 때문이다.

흑인 여성들 사이의 분노와 잔인함은 흑인 여성 혐오의 부산물이지만 흑인 여성들의 대인 관계에 깊숙이 침투한다. 아울러 흑인 여성들 사이에 깊은 정서적 연결을 박탈하는 구조를 강화한다.

> 우리 사이의 잔인함, 이 가혹함은 우리가 태어날 때부터 우리 몸에 주입된 혐오가 남긴 유산이다. 우리에게 혐오를 주입한 이들의 의도는 죽음을 주입하는 데 있었다. 하지만 우리는 꼼꼼히 따져 보지도 않은 채 그것에 적응했고, 그것을 받아들였으며, 그 사용법을 익혔다. 이로 인해 우리는 대가를 치렀다! 풍파를 견뎌 내기 위해 우리는 바위가 되어야 했고, 이제는

가장 가까운 이들에게 서로 상처를 주고 있다.(Lorde, 2018: 309)

죽음을 의도한 혐오의 주사를 맞는 것은 흑인 여성의 잘못이 아니다. 그러나 "꼼꼼히 따져 보지도 않은 채 그것에 적응"해 "가장 가까운 이들에게 서로 상처"를 주는 것은 흑인 여성의 책임이다. 혐오받는 것은 우리의 잘못이 아니지만, 마음속에 주입된 혐오에서 스스로를 해방하는 것은 우리 자신의 몫이다. 서로에게 잔인하게 구는 심리적 구조는 백인 여성들과 달리 흑인 여성들이 직면하고 풀어야 할 과제다.

흑인 여성들이 자신과 서로를 분노와 절망의 원인으로 지목하게 하는 것은 지배적 규범이다. 지배적 규범은 거짓 신화다. 이런 거짓 신화의 예로는 화는 온당치 못한 감정이라는 판단, 예의를 갖추어 서로의 눈동자를 직접 바라보지 말라는 요구, 흑인을 보호해야 하므로 공동체에서 벌어지는 여성과 소수자에 대한 폄하는 무시하라는 권유, 완벽해야 한다는 거짓된 요구에 부응하려는 잘못된 믿음, 감정을 깊이 느끼지 말라는 충고 등이 있다.

이런 거짓 신화는 흑인 여성들이 서로에게 "학습된 잔인함"을 휘두르도록 조장한다(Lorde, 2018: 320). 흑인 여성들은 온갖 거짓 신화, 고정 관념, 외부에서 부여한 기대와 규범에 흠뻑 젖은 상태에서 서로를 만난다. 흑인 여성들은 스스로가 부정한 것을 상대에게 투사해 상대를 부정함으로써 자기를 확인하는 덫에 빠진다. "우리는 내부자처럼 행동하지만 외부자처럼 느끼고, 흑인 여성에 대한 자기거부를 극복했다고 생각하지만 여전히 껴안고 있다."(Lorde, 2018: 329)

이런 심리 상태로 살아가는 한 힘 기르기는 어렵다. 심리 구조는 사회 변화나 정치 활동으로는 변화시킬 수 없기 때문이다. 이런 심리 구조에서 스스로를 해방하는 일은 식민화된 내면을 탈식민화하며 스스로 힘을 기르는 것과 같다.

해방적 자기돌봄과 심리적 탈식민화

이 탈식민화 작업, 즉 "스스로 힘을 기르는 것이야말로 가장 심층적인 정치 활동이자 가장 어려운 과업이다"(Lorde, 2018: 329). 흑인 여성 혐오가 권력 체계의 심리 구조인 사회에서 받은 상처와 혼란스러운 감정들을 명명하고 인식하지 않으면, 흑인 여성들은 스스로를 혐오하고 서로에게 분풀이하며 상처를 준다. "오랜 고통에서 나온 감정을 말하지 못한다면 결코 그 고통을 넘어설 수 없다.… 성찰을 거치지 않은 그 고통을 표출하면, 우리가 표출하지 않은 채 쌓아 둔 분노 속에 내장된, 오랫동안 표출되지 못한 다른 상처들이 함께 나오기 때문이다."(Lorde, 2018: 329)

돌보지 않은 감정들은 마음속에 쌓여 시한폭탄처럼 장전된다. 이런 감정은 언제라도 스스로를 그리고 다른 이들을 괴롭힐 수 있다. 그 감정을 표출할 때 "오랫동안 표출되지 못한 다른 상처들이 함께" 터져 나오기 때문이다.

로드는 고통(pain)과 괴로움(suffering)을 구분해 내면을 살펴보자고 제안한다. "고통은 사건이고 경험이다. 그것은 어떤 식으로든 인식되고, 명명되고, 활용되어야 한다.… 반면 괴로움이란 성찰과 소화 과정을 거치지 못한 고통을 반복해서 겪는 악몽이다."(Lorde, 2018: 331) 고통은 일어난 일이다. 괴로움은 이해되지 못한 고통이다. 고통의 경험이 의식의 층위에서 인식되고 명명되지 않으면 고통은 마음속에 괴로움으로 축적된다. 축적된 괴로움은 일상의 어느 곳에서나 언제든지 터져 나올 수 있다. 괴로움이 우리 자신과 서로를 괴롭히는 악몽인 이유가 여기 있다. 이해된 고통은 괴로움의 반복으로 연결되지 않을 수 있다. 이해된 고통은 삶을 다르게 살아갈 힘으로 활용될 수 있다.

흑인 여성들이 서로에 대한 감정적 거부와 거리 두기,

상호 부정과 분풀이, 감정의 혼란에서 해방되려면 자신의 내면을 자세히 들여다보며 스스로를 돌보아야 한다. 로드는 이 행위를 "스스로를 돌보기(mothering ourselves)"로 명명한다(Lorde, 2018: 333). 이는 "나를 정의할 권한은 나 자신에게만 있음을 분명히" 하는 것, 어릴 적 어머니에게 기대한 "인정과 성장에 대한 관심과 기대를 우리 스스로에게 쏟는 것" 그리고 나의 생존에 온 힘을 쏟음으로써 "내 안에 있는 그리고 다른 흑인 여성의 자아 안에 있는, 나 자신의 가치를 긍정"하는 것을 뜻한다(Lorde, 2018: 333).

스스로를 돌본다는 것은 자기 자신이 할 수 있는 것과 외부의 강요를 분별하고, 자신의 삶을 선택할 힘이 스스로에게 있음을 인식하는 것이다. 이 힘이 "사람마다 다를 수 있음"을 인정하고, 자기 내면을 따르는 삶을 추구하는 것이다.

> 우리가 어떤 사람이 될지 선택할 힘이 우리에게 있음을 인정하는 것, 이 힘이 우리가 살아가는 현실에서 사람마다 다를 수 있음을 아는 것 그리고 오직 우리가 이 힘을 활용할 때만 이런 현실을 효과적으로 바꿀 수 있음을 아는 것. 돌본다는 것은 약하고 겁먹고 손상된 것의 잔여물을 (전혀 경멸하지 않고) 보듬어 주는 일, 생존과 변화를 도모하는 데 사용할 수

> 있는 것을 지켜 내고 응원하는 일, 차이를 함께 탐색하는 데 힘을 쏟는 일을 뜻한다.(Lorde, 2018: 334-335)

이렇게 깊은 차원에서부터 스스로를 돌볼 때, 흑인 여성들은 스스로와 서로를 깊이 이해하고 인정하는 마음으로 대할 수 있게 된다. 서로를 이렇게 대하는 법을 골똘히 연구하고 의식적으로 실천해야 한다. 흑인 여성들이 스스로와 서로에 대한 "이 긴밀한 사랑"을 배우고 훈련하는 과정은 길고 어렵지만, 그것이야말로 참된 변화의 첫걸음이다 (Lorde, 2018: 338).

로드가 제안하는 자기돌봄은 탈식민화 작업이다. 식민화된 내면의 탈식민화 작업은 억압 구조에 대한 교차적 인식에 바탕을 둔다. 이 작업은 억압적 권력 체계에서 구조화된 심리를 개개인의 차원에서 깊이 다룬다. 로드가 제안하는 자기돌봄이 신자유주의식 자기계발과 근본적으로 다른 이유가 여기 있다. 자기돌봄은 집단적 무의식으로 자리잡은 심리 구조 탓에 개개인에게 축적된 상처를 다룬다. 이 상처를 다루는 과정은 식민화된 내면이 복잡한 만큼 복잡하고 고통스럽다. 억압이 낳은 자기억압을 다루며 자기 마음을 돌보는 바로 그 과정에서도 상처를 입을 수 있다. 이런 자기돌봄은 말하자면 탈식민적 상처(자기 마음을 돌보면서 생기는 상처)까지 보듬는 일이다.

로드의 감정 연구는 당대 여성 운동과 페미니즘이 일구어 온 사회 변화가 여성 개개인의 자기 변화와 연결되지 못한 지점에서 나왔다. 로드는 흑인 여성들의 내면 깊이 복잡하게 얽힌 지배의 구조물에 빛을 비추어 언어화하고 그 작동 방식을 밝혀낸다. 외부의 구조적 요인들만 급진 페미니즘 정치를 가로막는 것은 아니기 때문이다. 구조적 억압이 우리의 힘을 빼앗으려 한다면, 그 속에서 우리가 매일 행하는 자기억압은 우리가 지닌 힘을 스스로 잃어버리게 한다. 정치가 바뀐다고 사람이 온전히 바뀌는 것은 아니다. 그럼에도 우리가 다르게 살려면 정치가 필요하다. 억압적 구조의 주변부에서 살아가면서 형성된 식민화된 무의식은 훗날 여러 유색 여성 페미니스트들이 주변성을 저항의 중심으로 이론화하면서 직면한 문제였다. 주변부 여성들에게는 "스스로 힘을 기르는 것이야말로 가장 심층적인 정치 활동이자 가장 어려운 과업이다".

로드는 이 과업을 감정과 마음을 살피는 일에서 시작하자고 제안한다. 감정을 지식 생산의 원천으로 삼는 급진적 인식론을 제시한다. 그리고 자기돌봄과 심리적 탈식민화 작업에 토대한 페미니즘 관계론을 제시한다.

참고문헌

Lorde, A.(1984). *Sister Outsider.* Crossing Press. 주해연·박미선 옮김(2018). ≪시스터 아웃사이더≫. 후마니타스.

오드리 로드(Audre Lorde, 1934~1992)

현대 흑인 페미니즘을 대표하는 흑인 레즈비언 페미니스트다. 일찍이 1950년대에 그리니치빌리지를 드나들며 스스로를 레즈비언으로 정체화했다. 레즈비언임을 공표하고 왕성한 작품 활동을 하면서 미국 주류 문단의 벽을 허문 최초의 흑인 여성 시인이다. 1960년대부터 흑인 민권 운동과 급진적 여성 운동에 적극 참여한다. ≪블랙 유니콘≫을 비롯해 열 권 남짓의 시집을 출판했다. 산문으로는 자전적 글 ≪자미: 내 이름의 새로운 철자≫(1982), 산문과 강연 모음집 ≪시스터 아웃사이더≫(1984), ≪빛의 폭발≫(1988), 생전의 미출간 산문과 대표적 산문을 엮어 사후에 출간된 ≪나는 당신의 자매입니다≫(2011)가 있다. 흑인 여성과 흑인 레즈비언 여성의 경험을 페미니즘 존재론, 퀴어 인식론과 교차성 이론, 관계론 등으로 이론화했다. 이로써 정치적 보수화의 물결이 일고 여성과 퀴어에 대한 공격이 늘어나던 때 기나긴 정치적 우울을 어떻게 정치적 자원으로 삼을지에 대한 통찰을 제시했다.

박미선

한신대학교 영미문화학 교수로 있다. 여성문화이론연구소에서 사람들을 만나 공부하며 페미니스트가 되었다. 현대 미국 문학, 페미니즘 이론, 퀴어 이론을 연구하고 가르친다. 공저로 ≪페미니즘: 사이와 차이≫(2011)가 있다. 동료 페미니스트들과 페미니즘 이론의 명저들을 함께 번역했다. 그러한 번역서로는 페미니즘 정동 이론의 명저인 로런 벌랜트의 ≪잔인한 낙관≫(2024), 젠더 연구의 주요 개념과 쟁점을 다룬 ≪젠더 스터디≫(2024), 로지 브라이도티의 ≪포스트휴먼 페미니즘≫(2024), 오드리 로드의 ≪시스터 아웃사이더≫(2018), 젠더 사회학의 명저 퍼트리샤 힐 콜린스의 ≪흑인 페미니즘 사상≫(2009), 지젝·버틀러·라클라우의 ≪우연성, 보편성, 헤게모니≫(2009, 버틀러 챕터 번역), 탈식민 페미니즘의 명저 가야트리 스피박의 ≪포스트식민 이성 비판≫(2005), 로지 브라이도티의 ≪유목적 주체≫(2004) 등이 있다.